アジア市場のコンテキスト

【東南アジア編】

グローバリゼーションの現場から

川端基夫
Kawabata Motoh

新評論

はじめに

グローバリゼーションの議論が盛んとなって、かなりの年月が過ぎた。その間も企業のグローバル化はとどまるところを知らないが、それに対する反発も強まる一方である。つまるところ、グロバリゼーションとは同質化や均質化をもたらすものであるが、そのことはとりもなおさず、ローカルなものを押し潰して多くの弊害をもたらす現象だというのが大方の認識である。しかし、この認識には、グローバルなものが「強者」でローカルなものが「弱者」であるという暗黙の前提が潜んでいる。ローカルなものは弱い存在であるからグローバルな企業の餌食になりやすく、同質化や均質化の波にまたたく間に飲み込まれていくというイメージで、今日のグローバリゼーションを捉えている人々も多いのではなかろうか。

では、ローカルなものには強さはないのであろうか。筆者は、この一〇年余りの間、グローバル化の波にさらされている「市場としてのアジア」を歩いて多くのことを見てきた。そこは、まさにローカルな市場にグローバルな企業が参入する現場にほかならなかった。そして、そこで感じたことは、実はローカルなものの「根強さ」であり「したたかさ」であった。

市場としてのアジアには、一九八〇年代から多くの日系小売業が進出してきた。しかし、市場の拡大とは裏腹に、その多くは苦闘の末に撤退してしまった。一九九〇年代の後半から、今度は消費財メーカーがアジア市場に本格的に参入してきているが、商品が売れない、思うように利益を出せないとするメーカーも少なくない。そこからは、グローバルな企業がローカルな市場に翻弄されている姿が浮かび上がってくるのである。

また、一見するとグローバル企業に支配されているように見えても、実はローカルな市場のほうが自律的かつ主体的にグローバル企業を「同化」している例も珍しくない。企業側からすればそれでグローバル化が達成できたような錯覚に陥るのであるが、実際は市場の側にまんまと取り込まれていることもある。

その意味では、グローバル化に浮かれた企業が考えるほどローカルな市場は甘くはなく、またグローバリゼーションに異議申し立てを行っている人々が考えるほどローカルな市場は弱くもない。

要するに、ローカルな市場は固有のダイナミズムを有しているのであり、それがグローバル企業と対峙してさまざまな攻防を繰り広げているのである。このダイナミズムを、本書では「ローカルな市場の脈絡《コンテキスト》」と表現する。そして、アジア各国の市場に備わるローカルな脈絡《コンテキスト》を探り、アジア市場を読み解く糸口を提示しようというのが本書の目的なのである。

本書は、タイトルのごとく「東南アジア編」であり、「東アジア編」がこれに続く。それぞれは原則的には独立したものであるが、相互に補完し合うものでもある。願わくば、合わせて読んでいただければアジアの市場の脈絡《コンテキスト》がより深く理解できるはずである。

もくじ

第2章 いま、東南アジア市場で何が起きているのか 29

第3章 タイの消費市場 49

第6章 インドネシアの消費市場

第7章 フィリピンの消費市場

第9章　東南アジア市場がわかる七つの扉　221

凡例

1. 本文の行間に付した（ ）数値は、欄外の注番号を示す。
2. 本文中の人名、法人名のスペルは、索引欄において表記した。
3. 文献表記では、論文または記事タイトルを「 」で、著書名・雑誌名を『 』で表記した。
4. 翻訳書の原著名は、巻末の参考文献一覧に記した。

アジア市場のコンテキスト【東南アジア編】

――グローバリゼーションの現場から――

第1章

グローバリゼーションとローカルな市場の脈絡

バンコクのマクドナルドはドナルド人形もタイ式の「合掌」で迎えてくれる

1 マクドナルドとグローバリゼーション

市場や消費のグローバリゼーション[1]が論じられる場合、しばしば登場するのが「マクドナルド」という企業である。マクドナルドは、もっとも身近なグローバリゼーションの象徴として取り上げられることが多い。しかし、多くの場合、地域固有の食文化を破壊する存在、子どもたちを惑わす存在、アメリカの合理主義を押しつける存在として描かれ、批判の的となっている。さらに、マクドナルドの活動は、アメリカの文化帝国主義の象徴と非難されることもある。

一九九九年には、フランスの小さな村に住む農民（実際はボルドー大学で哲学を専攻し、自ら農民になった活動家であるが）ジョゼ・ボヴェが率いる一団が、南仏ミヨー（Millau）市で建設中のマクドナルドの店舗を破壊する事件まで発生した。彼は、その行動について「ジャンクフードとグローバリゼーションとの闘い」と述べている。マクドナルドによるアメリカ的な食文化の侵略が、フランスの食文化と農業を脅かすという主張である。多くの地元マスコミは、ボヴェをアメリカの帝国主義的侵略からフランスを守ろうとした英雄と評した[2]。

ボヴェの言葉を借りるまでもなく、このようなマクドナルドへの批判は、一九九〇年代の中ごろから欧州で激しくなってきた「反グローバリゼーション」の流れのなかで出てきたものである。この「反グローバリゼーション」においては、「グローバル企業」あるいは「多国籍企業」

と呼ばれる大企業の活動が広義の地域文化を浸食していくことや、地球規模での収奪を促進させて貧富の差を拡大すること、貧しい国々の環境を破壊していくこと、そして画一的なシステム、とくに欧米の合理主義的価値観を拡散させること（グローバルスタンダード化）への危険性が叫ばれている。また、反戦や反帝国主義のための闘いという位置づけも見られる。端的にいえば、アメリカ企業を中心とする先進国の大企業が、国家権力と結びつきながら世界の人々を支配・搾取し、人間性を喪失させていくプロセスこそがグローバル化だというのである。

近年話題となったメリーランド大学のジョージ・リッツァ教授（社会学者）の『マクドナルド化する社会』（正岡寛司訳、早稲田大学出版部、一九九九年）も、グローバル化の問題点を指摘した著作の一つである。そこでは、マクドナルドの海外進出を通して生じるアメリカ式経営ノウハウ（とくに、徹底したマニュアル主義や合理主義）の国際移転が、人間性あるいは自律性の喪失をもたらすことの危うさが強調されている。(3)

たしかに、近年のグローバリゼーションには「地域」の多様性に対する「畏敬の念」とでも呼

（1）本書では、企業活動が地球規模化するプロセスに対しては「グローバル化」を用い、その結果生じた地球規模での均一化現象に対しては「グローバリゼーション」を用いる。

（2）ボヴェの行動の背景には、アメリカの農産物貿易政策への反発があったとされる。この事件は日本でも注目を集め、彼に関する著書二冊が日本語に翻訳された（『地球は売り物じゃない』新谷淳一訳、紀伊國屋書店、二〇〇一年、『ジョゼ・ボヴェ：あるフランス農民の反逆』杉村昌明訳、柘植書房新社、二〇〇二年）。

ぶべきものが欠落しているように感じられる。しかし一方で、反グローバリゼーションを唱える人々、あるいはマクドナルドを批判する人々の意見のなかにも「地域《ローカル》」に対する理解が十分でないと感じられる部分が見られるのである。重要なことは、このようなグローバリゼーションをめぐる議論のなかに、世界の市場や消費の問題を考える視点が隠されていることである。グローバリゼーションやマクドナルドをめぐる議論から何が見えてくるのか、順を追って見ていきたい。

2 マクドナルドは市場を同質化させつつあるのか

さて、グローバリゼーションをめぐる議論、とくに経済活動のグローバリゼーションをめぐる批判は、基本的には市場の「同質化」議論と表裏一体化していることを見落としてはならない。貿易が活発化したり、多国籍企業の海外進出が進展していくという背景には、その前提として世界の市場が「同質化」していき、一つの商品が世界中で販売可能となっていくという認識が存在している。いわゆる「グローバル市場論」である。マクドナルドへの批判も、まずは世界各国の人々がマクドナルドのハンバーガーを受け入れることを前提とした議論である。もし、世界の人々がマクドナルドのハンバーガーを食べたいと思わなければ議論がはじまらないわけである。その前提に立って、マクドナルドがさらなる同質化や人間性の喪失を推し進める存在であることが批判されているのである。

世界の市場が同質化の方向に向かうことを予言した学者としては、ハーバード大学ビジネススクール教授のセオドア・レビットが有名である。今から二〇年あまり前の一九八三年、のちに大きな議論を呼ぶこととなった彼の論文が『ハーバード・ビジネス・レビュー（Harvard Business Review）』（六一巻三号）に掲載された。「The Globalization of Markets（諸市場のグローバル化）」と題したその論文は、テクノロジーの発展が世界の市場を「同質化」させていくとする内容で、いわゆる「グローバル市場」の到来の予言と、それへの企業の対応の必要性を説くものであった。もし、世界市場が同質化の方向に向かっているのであれば、現在はアメリカだけでヒットしている商品でもやがては世界中で売れ出す可能性があり、本国と同じような販売手法で世界各国の市場に売り込むことも可能となる。したがって、世界標準の市場戦略あるいは経営手法を構築することが企業の課題ともなってくる。

しかし、逆に、テクノロジーがいくら発展しても世界市場が同質化することなく、個々の市場が個別性を強く維持するという意見もある。そうであれば、世界市場を狙う企業は、むしろ国ごとの特性に合わせたローカルな戦略を模索しなければならない。このレビッドの論文は、世界市

（3）その後リッツアは、より広範な視点からマクドナルド化の進展を論じた『マクドナルド化の世界』（正岡寛司訳、早稲田大学出版部、二〇〇一年）を出している。また、日本でのシンポジウムの記録としてだされたリッツア・丸山哲央編著（二〇〇三）『マクドナルド化と日本』（ミネルヴァ書房）もある。

場は本当にグローバル化（同質化）の方向に向かいつつあるのかどうか、世界市場を攻めようとする企業はグローバル戦略・世界標準化戦略で行くべきなのか、それとも市場ごとの特性に対応したローカル戦略（多国籍戦略）で行くべきなのかといった古典的な命題をめぐる論争に改めて火をつけることとなった。

この問題は、国際マーケティング論では一九六〇年代から盛んに議論されてきたテーマでもある。マーケティング論では、一般にグローバル戦略は「標準化戦略」、ローカル戦略は「適応化戦略」と呼ばれることが多い。当初は、二者択一的な議論もなされたが、一九八〇年代後半以降は、二つの同時達成または調整によって競争の優位性を獲得すべきという方向に進んできているとされる(4)。また、グローバル戦略を支持する論者は「グローバル」の定義や意味を拡大しつつあり、実質的には適応化を包摂した概念とする傾向も見られる。たとえば、どのような市場環境にも適応できることが真のグローバル化であるなどとする主張である。結局、標準化と適応化の対立軸は、国際マーケティング論では必ずしも明確ではなくなりつつある。議論が複雑化する分、用語の使用をめぐっては混乱も生じている。そしてそのことが、企業戦略を考えるマーケティング論と、その結果として生じるグローバリゼーションを巡る議論との間の、用語の使い方に隔たりを生じさせているのである。

本書では、話を分かりやすくするため、とりあえずは「グローバル化＝標準化」、「ローカル化＝適応化」（これらは厳密にはイコールではないが）と意味を限定して対比する形で議論を開始し、グローバル化の実態をにらみながらその真の意味を探っていきたい。そうすることで、マーケティング論と、グローバリゼーションやローカリゼーションを巡る議論との接合が可能となると考えるからである。

3 フランス文化はマクドナルドに支配されたのか

グローバリゼーションの話に戻ろう。反グローバリゼーションの議論が広がりを見せる一方で、それに対する疑問や反論も見られるようになってきた。

コロンビア大学教授のジャグディシュ・バグワティは、その著書『グローバリゼーションを擁護する』（鈴木主税・桃井緑美子訳、日本経済新聞社、二〇〇五年）において、グローバリゼーションの危険性を認識しつつも、それに対する多くの批判が根拠のない感情的なものであること

（4）たとえば、大石芳裕（一九九六）「国際マーケティング複合化戦略」（大石芳裕・角松正雄編『国際マーケティング体系』ミネルヴァ書房所収）。なお、国際マーケティングの議論の歴史的な流れについては、角松正雄（二〇〇〇）「わが国における国際マーケティング研究」（高井眞編『グローバル・マーケティングへの進化と課題』同文舘出版所収）および丸谷雄一郎（二〇〇一）「国際マーケティング概念規定に関する再検討」『経営総合科学』（七七号）がコンパクトに整理している。

を解明している。そして、むしろグローバリゼーションによって貧困からの救済のみならず文化的な豊かさを実現することも可能だとし、問題はその政策的な管理手法にあるとしている。また、マクドナルドについては、フランス国内にある九三二店舗のうち半数の店舗が外見からではマクドナルドとは分からないくらい姿を変えて（ローカライズされて）おり、エスプレッソやブリオッシュも扱っているという『ウォールストリート・ジャーナル（Wall Street Journal）』（二〇〇二年八月三〇日付）の記事を引用し、フランス文化とフランス人がマクドナルドのアメリカ臭さを払拭していることに注目している。つまり、グローバル化はローカルな文化を破壊するのではなく、ローカルな文化と同化しつつ進展するとしているのである。そこには、一方的にアメリカの食文化（グローバリゼーション）に服従するフランス人（ローカリゼーション）の姿は見られないのである。

このマクドナルドのグローバル化の実態をより詳細に検証した研究者が、ハーバード大学教授で人類学者のジェームズ・ワトソンである。ワトソンは編書『マクドナルドはグローバルか』（前川啓治・竹内恵行・岡部曜子訳、新曜社、一九九七年）において、東アジア諸国ではマクドナルドがアメリカとはまったく異なる「利用のされ方」、「受容のされた方」をしている事実を明らかにし、外見やイメージからだけの単純なとらえ方や議論に警鐘を発している。

たとえば、東アジアではアメリカと異なりゆっくりと時間をかけてマクドナルドでの食事を楽しむ傾向が見られ、またレジャーランド化している国もあると指摘する。その点では、ファーストフード店の意味や消費市場での位置づけが変化しているとする。つまり、ファーストフード店の意味は「すばやく食べられる店」から「食べ物がすばやく出てくる店」にすり替えられて（変換されて）現地に定着しているというのである。また、マクドナルドの「笑顔のサービス」という接客手法も、香港では勤務中の従業員の笑顔がむしろ顧客に不真面目な印象や不快感（客を馬鹿にしているように見られる）を与えるものとして導入が困難であったことも明らかにされている。さらに、マクドナルド側もメニューに各国の土地柄に合わせたもの（日本のてりやきバーガー、インドの羊肉のマハラジャバーガー、韓国のプルコギバーガーなど）を取り入れており、必ずしもアメリカの食文化をそのまま押しつけているわけではないことを指摘している。要するに、マクドナルドを文化帝国主義の象徴と軽々に決めつける見方を否定しているのである。

たしかに、東アジアの実態からは、各国の消費者が必ずしも盲目的にマクドナルドというグローバル企業に服従させられてきた訳ではないことが分かる。つまり、マクドナルドのコンセプトやオペレーション・システム自体は標準化されている部分が多いが、各市場の多様な「脈絡《コンテキスト》」とでもいうべきもの[5]のなかでさまざまな修正を余儀なくされてきたのである。また、マクドナルド側の意図とは別に、市場の「脈絡《コンテキスト》」によってさまざまな意味やポジション、あるいは必然性を与えられつつ受容され、同化されていった実態も浮かび上がってくる。

筆者（川端）流にいうなら、マクドナルドの成功は、各市場における「ローカルな市場の脈絡《コンテキスト》」とマクドナルドによる「柔軟な修正」とがうまく結合した結果だとなる。その意味では、マクドナルドが世界を単純に画一化（アメリカ化）させつつあるとはいえない。むしろ、各地域の市場が有する固有の脈絡《コンテキスト》が、グローバル化やローカル化のプロセスで重要な役割を果しているとことがうかがえるのである。

4 ローカルな市場の脈絡《コンテキスト》は弱者なのか

このようなマクドナルドをめぐる議論は、企業のグローバル化と市場との関係を考えるうえで重要な論点を提示している。

一番目の論点は、「企業と市場との関係」に対する新たなイメージである。市場の同質化がすすみ、先進国の大企業・多国籍企業がいわば帝国主義的なイメージで各地域の消費（市場）を翻弄し支配していくという単純な構図は必ずしも正確なとらえ方ではない。たしかに、企業の参入によって市場の脈絡が変化することはあろうが、結論からいえば、企業がその脈絡を大巾に変えることは不可能である。市場に備わるローカルな脈絡は、自然環境や歴史的経緯などとも密接な関係を有しているがゆえに、かなり自律的で根強いものである（詳細は第3章以下）。したがって、先進国の大企業といえども、海外でのマーケティングを成功させることは容易なことではないのである。現実には、各企業はローカルな市場の脈絡と、本国や第三国での成功経験とのかかなり難しい摺り合わせ作業を余儀なくされているのである。

地球規模で活動する企業を「支配者」に見立て、ローカルな市場の人々（消費者）を「隷属者（犠牲者）」に見立てるグローバリゼーション論は分かりやすいが、反面、そのような認識はローカルな市場や消費者自身が有する「自律的なダイナミズム」や「健全性」、あるいは「したたかさ」といったものを軽視した議論を導きがちで、本質を見誤らせる危険性もはらむ。もちろん、市場の脈絡が企業の働きかけに対して受け身に回ることはあろうが、そうかといって地域の側が常に弱者であって、企業側によって一方的に市場の脈絡を支配されるとはかぎらない。たとえ

（5）マーケティング論では、市場は企業（主体）のマーケティング活動を取り巻き、それに影響を与える要因の集合体である「環境」として認識されてきた。そこで問題となるのは、主体の側の戦略を実現するにあたって、どのような環境要因がどのような影響を与えるのかである。したがって、多様な環境要因の間に成立する関係性や環境要因全体が与える構造的影響に対しては関心が払われてこなかった。いわば、環境要因は個々バラバラに存在し、個別に企業の戦略や行動に影響を与えるものとして認識されている。あくまで、論点は主体の戦略や行動に存在するのであって、市場環境は従属的な変数にすぎない。これに対して、筆者は、市場は多様な要素が有機的に関連し合った「自律的」、「生態的」な一つの構造体であり、企業という組織体と対等に位置づけられるものという認識（市場観）に立っている。このような自律的な構造体としての市場は、市場内の多様な要素の有機的関連から生じる固有のダイナミズムを有するのであるが、筆者はそれを市場の「脈絡」と表現する。そして、それぞれの企業がその組織固有の規範やルール（暗黙的なものと制度化されたものとの両方があるが）に従って行動するように、それぞれの市場も固有の「脈絡」に従って参入企業の行動（商品）に修正を求めたり、参入企業（商品）を受容したり拒絶したりしていると考えるのである。

ば、企業の市場参入によってローカルな伝統が変化したとしても、その変化を生んだ要因は、企業の側だけではなくローカルな市場の脈絡の側にも存在していたと見るのが正当であろう。いや、むしろ、ローカルな市場の脈絡がしたたかに参入者（企業や商品）を同化していくというストーリーもあり得るだろう。つまり、参入企業とローカルな市場の脈絡との間の相互作用への注目が重要となるのである。

この認識は、何よりグローバル化がもたらす弊害の解決策を考える際に重要となる。企業側に一方的に変化の要因を求めるなら、解決策としては企業の参入を拒絶するしかない。しかし、ローカルな脈絡の側にもその要因があるとするなら、その脈絡のなかから新たな解決策が見いだせる可能性が生まれるからである。グローバル化のメリットをうまく引き出し、その弊害を最小限に抑えるカギは、ローカルな市場の脈絡の自律性を正しく評価し活用すること、そしてうまくコントロールすることに尽きる。

5 多様な脈絡《コンテキスト》に耐えうる標準モデル

二番目の論点は、「グローバル化」に対する新たなイメージである。そもそも「グローバル化」という語は、政治、経済、社会の諸現象が国境で分断されることなくボーダレスな状態で進行していくことをいう。つまり、地球全体がひと続きのものとなり、国境（国家）が意味をなくした（低めた）状態が出現することをいう。厳密にいえば、グローバル化は一つの世界標準モデル（商品、マーケティング手法、経営手法）で地球を塗りつぶしていくイメージになる。地域文化や人間性の喪失を危惧する反グローバリゼーション論は、このイメージに基づいた批判といえる。

反対に国境（国家）が大きな意味をもち続け、ボーダフルな状態で政治、経済、社会の諸現象が地球規模で進行していくことを厳密な意味での「国際化」という。「国際」とは国の際《きわ》＝国境を意味するからである。「国際化」を企業経営の観点からとらえると「多国籍化」になる。国境を超えるたびに、つまり国ごとに異なる環境に応じた経営のやり方を構築していくことになるから、結果的に一つの企業が多数の「国籍」（顔）を有することになるのである。ここでは、より一般的にこれを「ローカル化」と呼んでおく。グローバル化をめざすのか、ローカル化をめざすのかは、地球規模で活動する企業にとっては大きな課題となってきた。

では、先のワトソンらが明らかにした東アジアのマクドナルドの実態は、「グローバル化＝標準化」なのか「ローカル化＝適応化」なのか。まずは、世界標準モデルが単純にそのまま世界中に浸透していく厳密なグローバル化ではないことは確かであろう。ワトソンらは、マクドナルドがさまざまな地域対応による標準モデルの修正を行っていることを明らかにしている。しかし、コンセプトや基本的なシステムそのものは標準化度（統一性）が高いことから、それらを「適応

図1－1　グローバル化の現実

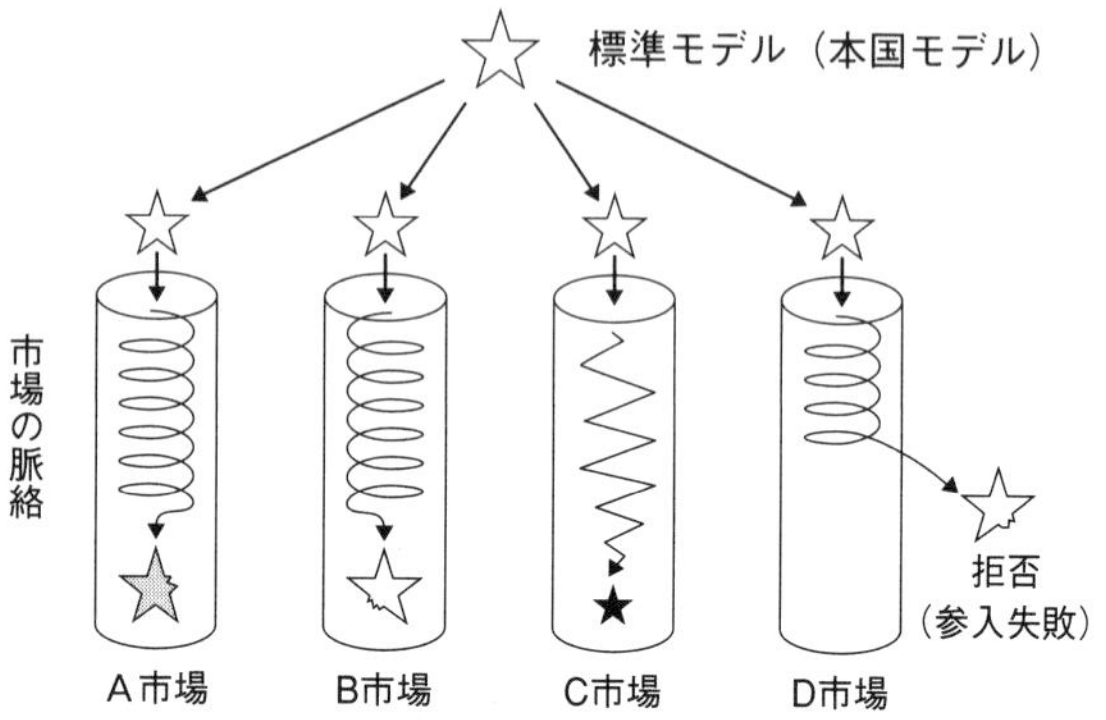

Ａ～Ｃの市場では標準モデルが修正を加えられながら市場の脈絡によって本国（参入者の意図）とは、各々異なる意味合いをもつものとして「受容」されたことを示す。
Ｄ市場では一部修正が加えられたものの、結局、市場の脈絡により受容が拒否されたことを示す。

化」と呼ぶにも違和感がある。ワトソンの本では、マクドナルドが「多地域的（マルチローカル）」をめざしていることも紹介されているが（同書三五ページ）、結果的には市場に適応しているというよりも、市場の側が自らの脈絡に従ってマクドナルドを修正させた上で同化している側面が見られるからである。東アジアのマクドナルドの「利用のされ方」は、おそらく同社の想定や戦略にはなかったものであろう。その意味では、マクドナルド側の想定を超えた地域の側の多様な脈絡によって「結果的に多数の市場で受容されてしまった」ケースと見ることもできる。その意味では、マクドナルドは依然としてグローバル企業の本質を保っているのであり、ワトソンらの主張のようにローカルな存在になっているとはいえない。

これは、世界標準モデルが各市場の脈絡に沿って新たな意味づけや必然性を与えられつつ拡散していくタイプのグローバル化なのである。この場合、その世界標準モデルは、部分的な修正を求められつつも基本的なフォーマットを維持したまま曲がりなりにも各国の多様な脈絡によっても受容されたのであるから、それはそれで世界標準モデルとしては積極的な意義をもつといえる。つまり、世界標準モデルとは、「強固に規格化されたモデル」ではなく「多様な脈絡《コンテキスト》に耐えうるモデル」のことだということが理解できよう。

もう少し補足しておこう。仮に、あるメーカーが「グローバル戦略」（と彼ら信じるもの）に基づいて、ある商品を世界同一の機能とデザイン、そして世界同一の名称とマーケティング手法によって一〇ヵ国で販売したとしよう。そして、その結果、たとえば一〇ヵ国すべての市場で販売成果を上げた（市場参入に成功した）とする。この点だけをとらえれば、それはグローバル戦略の成功事例といえる。しかし、各国の消費者は果たしてメーカー側の意図した戦略（筋書き）に沿ってその商品を購入しているのであろうか？

たとえば、その商品を必要とする理由、その商品の機能が消費者に与えるメリット（効果）、その商品デザインや商品名から受ける印象（言語・音韻の響き）、その商品のコマーシャルやキャッチコピーから受ける印象や影響などが各国で本当に同じかと一つ一つ検証していくなら、一〇ヵ国のうちの多くの国、あるいはすべての国においてメーカーの予測とは違った結果が出ることもあろう。その場合は、各国の消費者はメーカーの戦略や意図とは異なる、各国の「ローカルな市場の脈絡」のもとでその商品を受容して買っているということになる。同じ商品が同じマーケティング手法で売れているという見かけの結果は共通しているが、売れている本当の脈絡（理由や仕組み）はバラバラだということである。

しかし、これもグローバル化の姿なのである。筆者は、現実にグローバル化の成功例といわれているものには、このようなタイプのグローバル化がほとんどなのではないかと見ている。(6)

6 「ご当地メニュー」は市場適応の証なのか

ところで、このような各国の多様な脈絡によって標準モデルが修正されながら多くの海外市場に参入していくタイプは、グローバル化ではなくやはり「適応化」の一つではないかという意見もあろう。そこで、今度は市場への適応化の意味について考えてみたい。

結論からいえば、標準化か適応化か、グローバル化かローカル化かの区別は、ローカルな脈絡に従って何をどこまで変えるのかにあると筆者は考えている。たとえば、マクドナルドはたしかに各国ごとの「ご当地メニュー」をもっているし、同じハンガーガーでもパンの質や挟んである野菜やチーズの味は異なる。それどころか、台湾ではライスバーガーまで登場している。それらは、適応化のようにも見える。しかし、基本メニューの多くは世界共通であるし、ハンバーガー店の路線を捨ててパスタを主とした店がある訳ではない。店舗の内装や看板の色も、国によってはかなり変化させているのであるが、ファーストフード店としての合理的な店舗構造（従業員の動きや来店客の動きに対する考え方）やロゴの基本デザインを放棄したり、マクドナルドの名称を現地風にまったく別の名称に変えているわけでもない。変化は、あくまで部分的な修正レベルのものにとどまっている。

市場適応の本当の意味は、このような標準モデル（多くは母国のモデルなのだが）の修正というレベルのことをいうものではない。筆者は、もっと根幹にかかわる変化をともなうものと考えている。たとえば、コンビニはアメリカから日本に移植されたが、日本のコンビニはアメリカの標準モデルとはまったく異なったものになってしまっている。そもそもアメリカのコンビニは、基本的には幹線道路沿いのガソリンスタンドに併設された小型店が多く、トラックの運転手やブ

（6）先掲のリッツア・丸山哲央編著（二〇〇三）のなかで、油井清光（神戸大学教授、社会学）はリッツアのマクドナルドによる画一化論（マクドナルド化）への疑問として、同じモノが多数の国に浸透した場合でも、受容する側の文化の違いや歴史的経緯の違いによってそれが異なった影響を与えたり異なった意味をもったりすることを指摘しており興味深い。しかし、本書ではむしろそれこそがグローバル化の現実の姿だと捉えている。その点ではリッツアのグローバル化のイメージとは異なるが、そのように発想を変えることでより現実的な議論が可能となると考えている。なお、このようにグローバル化の進展が同時にローカル化を伴うこと、つまり普遍主義と個別主義が同時的に進行し相互浸透する現象が見られることを、ロバートソンは「グローカリゼーション」と表現している。ローランド・ロバートソン（一九九七）『グローバリゼーション――地球文化の社会理論』（阿部美哉訳、東京大学出版会）を参照。

ルーワーカーがタバコやコーラ、ガムやキャンディ、ドーナツあるいは酒類を買う場所として普及したもので、現在でもタバコの売り上げシェアは非常に高い。労働者を相手に商売をしてきた店内は薄暗くて雑然としているし、店員が制服を着ていないチェーン店も見られる。

これに対して、一九七〇年代の中ごろに登場した日本のコンビニは、非常に清潔で最先端の小売業としてデビューした。そして、日本市場への適応を模索して修正を重ねた結果、先端好みの若者をターゲットとして弁当・おにぎり類、ドリンク類、雑誌を買う店としての市場内ポジションを獲得し定着したのである。立地にしても、若者が多く通る学校の周辺や若者が多く住む住宅街で成功を収めた。そして、床までピカピカに磨き上げられた清潔感あふれる明るい店舗、新鮮で食欲をそそる弁当、おにぎり・デザートなどのオリジナル商品が多数並ぶ店といったイメージを定着させた。

違うのは、商品や立地、顧客や店舗のみならず、商品の供給システム（物流システム）、発注や売り上げ管理（情報システム）、商品開発、店員教育などの運営システム全般である。アメリカのコンビニとの差はあまりに大きいものとなった。その違いは、単に「進んでいる」か「遅れている」かといった類のものではない。そこには、修正の積み重ねの結果生じた「量質転化」が見られるのである。利益を上げる仕組みそのものが変化した点が重要なのである。それは、アメリカと日本の市場の脈絡の違いが生み出した「必然的な結果」と見てよかろう。

市場適応とは、本来はこのようにローカルな市場の脈絡にしたがって、標準モデルが有していなかったコンセプトや社会的機能あるいは市場価値を新たに「開発」、「創出」したり「付加」することをともなった変化をさすものと筆者は考えている(7)。その意味では、ワトソンらが明らかにした東アジアのマクドナルドの実態は真の市場適応化とはいい難く、やはりグローバル化のプロセスにおける「修正」の姿としてとらえたほうが適切だと考えられる。

7 グローバル化（標準化）とローカル化（適応化）の境界

海外のマーケティングの現場を訪れると、「日本本社はグローバル化などといっているが、海外の現場では適応化の連続ですよ。海外市場は、日本とは何もかも（法的規制、住宅環境、気候、消費者の嗜好など）が違いますからね」といった担当者の声をよく耳にする。しかし、そこでいわれる「適応化」は、筆者にいわせれば製品やマーケティング手法の修正（微調整）レベルのものも多い。

そもそも、何の変更もともなわない海外マーケティングなどは現実にあり得ないであろう。

(7)　近年では、「創造的適応」という言葉がマーケティング論や経営学をはじめとする広い領域で使用されるようになってきている。論者によって意味は異なるが、環境への適応過程で新たな価値や資源を創造することをさす場合が多い。とはいえ、市場の脈絡との関係から規定する本書の市場適応の概念とは別のものである。

たとえば、標準化戦略で世界市場を制覇している代表のように見られている欧州の有名ブランドメーカーでさえも、実際には欧州向け、中近東向け、日本向け、アジア向けというように地域別の商品の開発を行い、また同じ商品でも地域ごとの価格設定を行っているからである。それらを、いちいち「適応化」と呼ぶことには賛成できない。あくまで、グローバル化のプロセスにおける「修正」に過ぎない。

やはり、それらの修正の積み重ねが「量質転化」を招いているのかどうかが問題となろう。つまり、小売業なら、先述のように、利益を上げる仕組みを変化させたかどうかが鍵となろう。またメーカーなら、たとえば日本の電気炊飯器がアジア市場の脈絡を反映して機能を拡大していくことで「炊飯器」を脱して、粥や蒸し物、さらにケーキも焼ける複合的な「調理器具」に変身した例(8)のように、製品のコンセプトや社会的機能、市場価値（存在意義）などが変化したかどうかが鍵となろう。単に、デザインの一部や機能の一部を「修正」するだけの行為は、市場への適応化＝ローカル化と呼ぶには当たらないといえるのである。

しかし、問題は（学問的な議論は別として）両者を厳密に区別すること自体にあるわけではない。重要なことは、グローバル化（標準化）においても、ローカル化（適応化）においても、ローカルな市場の脈絡の理解が不可欠になる点なのである。

8

新しい段階を迎えたグローバリゼーション

アジアに進出した企業についていうならば、低コスト生産の場として製造活動に特化していた時期はアジアのローカルな市場の脈絡はさほど意識されなかった。とくに、生産設備や原材料を母国からもち込んで母市場向けの輸出生産を行う企業においては、その必要はなかった。もちろん、製造活動においても「ローカルな脈絡」自体は工場の生産システムや労務管理などに影響を及ぼしていたのであるが、それでも現地での販売活動に及ぼす影響と比べれば軽微であった。したがって、そこには傲慢で短絡的なグローバル至上主義も存在したと推測できる。反グローバリゼーションを唱える人々の指摘も、そのような企業活動をターゲットにするかぎりにおいては的を射ていたともいえよう。

しかし、企業がアジアを「市場」としてとらえた瞬間に事態は一変したのである。ローカルな市場の脈絡は企業の販売活動に正面から立ちはだかり、企業のアジアに対する認識を大きく変化させてきた。反グローバリゼーション論も、この状況への対応が必要になっているといえる。従

（8）　中野嘉子・王向華（二〇〇五）『同じ釜の飯』（平凡社）では、香港市場において、日本の電気炊飯器がたび重なる修正を加えられていった結果、製品コンセプトや社会的な機能（存在意義）が日本の炊飯器から大きく変化していったプロセスを描いている。

来の議論の延長上に、現地での販売活動を主とする企業を単純に据えて批判することには限界があるともいえよう。つまり、製造活動と販売活動の違いが、反グローバリゼーション論では十分には考慮されていないのである。販売活動の海外進出が進展しつつある現在は、グローバリゼーション論は新しい段階を迎えているといえ、その議論に参加する人々にとってもローカルな市場の脈絡へのまなざしが不可欠となっているのである。

9 「学習の場」としての国際マーケティング

ところで、現実には、このローカルな市場の脈絡はなかなか読みづらいがゆえにしばしば企業のマーケティング活動の障害となってきた。とりわけ、消費財メーカーや小売業、外食産業といった企業は、海外マーケティングや海外事業に多大のエネルギーとコストを支払ってきている。それにもかかわらず、アジア市場（とくに、最近注目を集めている中国市場）においては、筆者が管見するかぎりそれに見合った利益を上げている企業は少数派である。要するに、反グローバリゼーションの論者たちが考えるほど現実は甘くはないのである。

しかし、企業がローカルな市場の脈絡と闘うことにより、結果的に企業は真摯な姿勢で地域（ローカル市場）と向き合うことの重要性を学習する機会を得ることになる。そして、そのことが、傲慢で短絡的なグローバル至上主義から世界を守ることにもなっているといえよう。これは、決して大げさな表現ではない。ローカルな市場の脈絡は、グローバル経済のなかにある企業に対してローカル（地域）なものの重要性を認識させ、「地域への畏敬の念」の必要性に気づかせる機能をもつ。その意味では、国際マーケティングの現場は貴重な「学習の場」となっている。

10　ローカルな市場の脈絡《コンテキスト》をどうとらえるのか

企業にとっては、とりあえず母国でのモデル（商品や手法）を世界標準として泥縄式に世界市場にぶつけてみて、「結果」として受容されたり拒絶されたりしているようでは困る。当初から「多様な脈絡で受容されていくモデル」、「多用な脈絡に耐えうるモデル」を構築できるかどうかが問題となろう。そのためには、ローカルな市場の脈絡を探ることが不可欠となる。

では、ローカルな市場の脈絡とはどのようなものなのであろうか。まず、ローカルな市場の脈絡は、きわめて動態的なものであるという点には注意を要する。その理由は、ローカルな市場の脈絡に影響を与える諸ファクター（第9章を参照）が時間の経過とともに変化するからである。したがって、市場ごとに決まった固定的な脈絡が存在して、それが参入者に固定的な影響を与える訳ではないのである。また、市場の脈絡が時間とともに変化することは、商品や企業の参入タイミングによって成否が左右されることを意味する。市場参入（投入）するタイミングによってその成否が大きく左右されるということは、これまでに多くの企業が経験してきたことであろう。

次に、ローカルな市場の脈絡は市場参入者（商品や企業）との相対的関係性のなかに存在するものであるという点にも留意が必要である。「世界標準モデル」と呼ばれている商品、マーケティング手法、経営システム、生産システムなどは、元来それが開発された母市場（母国）における市場の脈絡を反映している。したがって、たとえば自動車をタイ市場で販売する行為をとってみても、日本のメーカーが販売する場合とドイツのメーカーが販売する場合とでは、タイ市場の脈絡との関係性やそれへの対応内容は異なったものとなろう。さらに、自動車を販売する場合に見えてくるタイ市場の脈絡と化粧品を販売する場合に見えてくるタイ市場の脈絡とは、当然、異なったものとなるであろう。その意味では、ローカルな市場の脈絡は厳密には無数に存在することとなる。

このような市場の脈絡の特性上、本書ではそれを強引にステレオタイプ化することを避け、まずは東南アジアの六つの消費市場（国）のそれぞれの特性を特徴的なキーファクターの動向と小売りチャネルの動向から整理することで、各国の市場の脈絡を垣間見た（第3章から第8章）。小売りチャネルの動向に着目するのは、それが単に消費財メーカーの取引先であるというだけで

図1－2　市場の脈略と投入物
（企業・商品・業態・コンセプトなど）

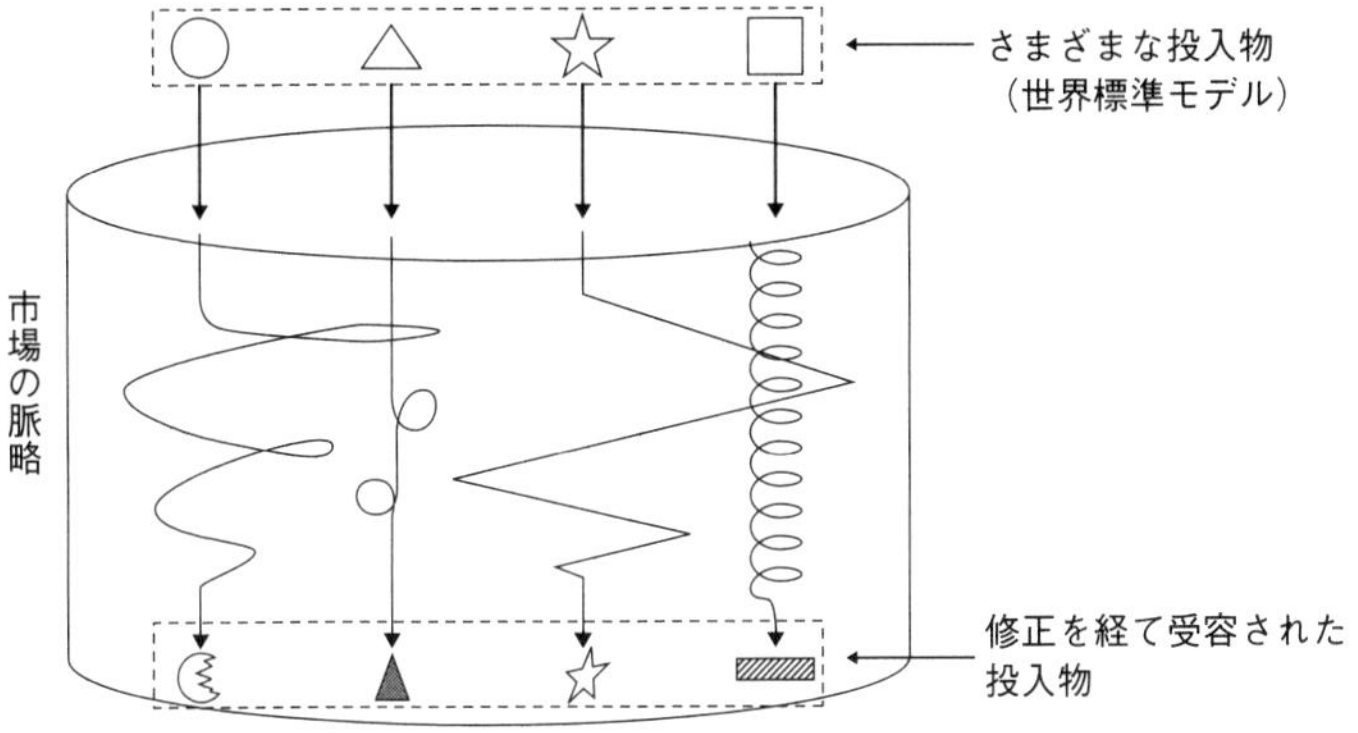

市場の脈略は投入物によって異なった姿を見せる。つまり、同じ市場でも投入物の特性によって市場の脈略は異なる影響を与える。また市場の脈略は動態的なものであるため、投入するタイミングによっても異なった姿を見せる。

なく、それが市場の脈絡を写す「鏡」となっているからである。そのうえで、東南アジア市場の脈絡に影響を与えるキーファクターを「市場の脈絡への七つの扉」として示すことにした。それにより、市場の脈絡をとらえる際に何がキーとなり、そのキーがどのような特性を有するのかが理解できよう（第9章）。

以上のような作業により、各国市場の脈絡の一部、あるいは脈絡を探る際に着目すべきポイントが浮かび上がってこよう。

本書は、アジア市場を読み解く糸口を示そうとするものである。グローバリゼーションをめぐる議論に関心をもつ読者には、ローカルな脈絡が有する強さの一面が理解してもらえるであろう。また、アジアに関心を有する読者には、これまであまり明らかにされてこなかった「市場としてのアジア像」が浮かび上がるはずである。さらに、国際マーケティングに携わる実務家の読者には、具体的な（売り込みたい）商品を具体的に思い浮かべながら読んでいただけると思わぬ糸口が見えてくると思う。少なくとも、各種の統計データを羅列しただけで、市場の脈絡に迫る糸口がまったく見えてこない巷のマーケティング資料集では味わえないものを読みとってもらえるはずである。

第2章

いま、東南アジア市場で何が起きているのか

涼みに集まった人達で混雑するマニラのショッピングセンター
（メトロマニラ）

1 木と森の両方をとらえる

次章以下で、東南アジアの各市場を見ていく前に、まずは現在の東南アジア市場の全体的なトレンドを把握しておきたい。

いうまでもなく、個別市場を見る場合、その市場で生じている現象がその市場固有のものであるのか、それとも複数の市場でまたは東南アジア全体で見られるものであるのかを判断することは非常に重要である。しかるに、巷に出回る本や雑誌記事、あるいはウェブサイトには、広域で観察される現象を、その市場固有のものと誤解して紹介しているものも多く見られる。また逆に、複数の市場で共通した現象が起きていても、その現象をもたらした脈絡《コンテキスト》がまったく異なっている場合も珍しくない。したがって、現時点では共通性が見られるものの、その依って立つ脈絡《コンテキスト》が異なるゆえに、今後はまったく違ったものに変化していくことも考えられる。その場合は、それらは各市場固有の現象としてとらえる必要もあろう。

「木を見て森を見ず」、「森を見て木を見ず」という諺があるが、市場をとらえるときは木と森の両方をとらえる努力が必要となる。もちろん、すべてを正確にとらえることには限界も多いが、個と全体の間での往復運動こそがローカルな市場の脈絡《コンテキスト》に迫る第一歩であることを理解すべきであろう。

ここでは、いま、東南アジアの複数の市場で起きている四つの現象を簡単に整理しておきたい。

2 帰ってきた東南アジアの消費市場

一九九七年の秋に、タイで人気を集めたテレビ番組があった。それは、通貨危機によるバブル崩壊により巨額の負債を負ったお金持ちたちが登場し、セスナや高級車、不動産や宝石類といった手持ちの資産をテレビで競売するというものであった。まさに、「宴の後」を地でいく末期的な光景であった。

いまでこそ中国市場への注目が急速に高まり、アジア市場といえば中国市場というイメージが定着したが、一九九〇年代のアジア市場といえばタイをはじめとする東南アジア市場をさすことが多かった。ところが、一九九七年に生じた通貨危機によって状況は一変し、東南アジアの消費市場は壊滅状態に陥った。まずは、当時の状況を簡単に振り返っておこう。

一九八〇年代に輸出型産業を大きく発展させたタイは、一九九〇年代の中ごろになるとバブル経済の宴に酔っていた。バンコクは未曾有の建設ラッシュに見舞われ、高級マンションや大型ショッピングセンターが次々と開発されていった。しかし、一九九七年五月になると、加熱するタイ経済の先行きに不安をおぼえはじめたアメリカのヘッジファンド(1)が金融市場でタイ通貨のバーツを大量に売るという動きを見せはじめ、しだいにその動きが拡大していった。当初は、政府が外貨準備金でバーツを買い支えていたが、やがてそれが底をついて支えきれなくなり、一九九七年七月二日、ついに変動相場制への移行を余儀なくされた。

変動相場制に移行したバーツは、その直後から暴落をはじめる。それが、タイのみならずバーツ圏にあったベトナム、ラオス、ミャンマー、カンボジアの経済をも直撃した。ヘッジファンドは、続いて隣国マレーシアの通貨であるリンギも通貨市場で売り浴びせた。マレーシアもそれまでは空前の高度成長を遂げていたが、それによって同年八月、ついに変動相場制に移行していった。通貨暴落の波はインドネシアも襲い、やはり同年八月にルピアが変動相場制に移行した。その余波は香港、韓国をも襲い、アジア経済に大きな被害を与えたことは周知の通りである。これが通貨危機といわれるものである。

東南アジアでは、当時は国内金利が高かったことから、企業は金利が安い外貨建ての借入金を行っていた(2)。いってみれば、そのような外資が高度成長の潤滑油の役割を果たしてきたともいえる。タイの場合は、通貨危機前は一ドル＝約二五バーツという固定相場であったから、アメリカドル建てで一億ドルの借金をしたとすると二五億バーツとなっていた。しかし、通貨危機後のバーツの下落はなかなか止まらず、翌一九九八年一月には一ドル＝五七バーツにまで下がってしまった。つまり、二五億バーツの借金が半年足らずの間に二倍以上の五七億バーツに膨らんでしまったのである。

このような結果、借金が返済できずに経営危機に陥る企業が続出した。もちろん、株価も大きく下落した。そして、経済活動が停滞すると土地の価格も急落していく。この悪循環が失業者を増大させ、市民の個人資産（株と不動産）の価値を消失させたことで消費市場に大きなダメージを与えた。一九九八年には空前の大不況がアジア全体を覆い、百貨店やショッピングセンターには閑古鳥が鳴き、アジアの消費市場は完全に沈んでしまったのである。当時、多くの経済学者たちがアジア市場の回復にはかなりの時間がかかると予想した。

ところが、大方の予想に反して、一九九九年になると経済は急激な立ち直りを見せはじめた。当初は輸出関連の製造業が回復して経済成長を牽引したが、それによって失業者が減少したことで二〇〇一年ごろから耐久消費財や一般消費財の需要が伸びはじめてきた。

図2－1は、アジア各国の実質民間消費の推移を見たものである。文字通りのV字回復の様子

（1）　ヘッジファンドとは、一般的な公募による投資ファンドではなく、私募によるファンドを組む投資団体をさす。少数の投資家から巨額の資金を集め、それを世界の金融・株式市場でダイナミックに動かすことで知られる。手法としては、投機的な「空売り」を積極的に用いるため、上昇相場でも下降相場でも利益を上げることができる。ただ、複雑な手口を用いるため謎も多く、私募のため情報開示が行われないので、その投機的な投資活動が時には世界の金融市場や株価に突如として大きな影響を与えることもある。

（2）　タイは、外貨をより国内に流入しやすくするためにオフショア市場をバンコクに開設したことから、金融機関も大量の低利の外貨が調達できるようになり、国内の企業や個人に貸し付けていた。

図２－１　アジアの実質民間消費のＶ字回復

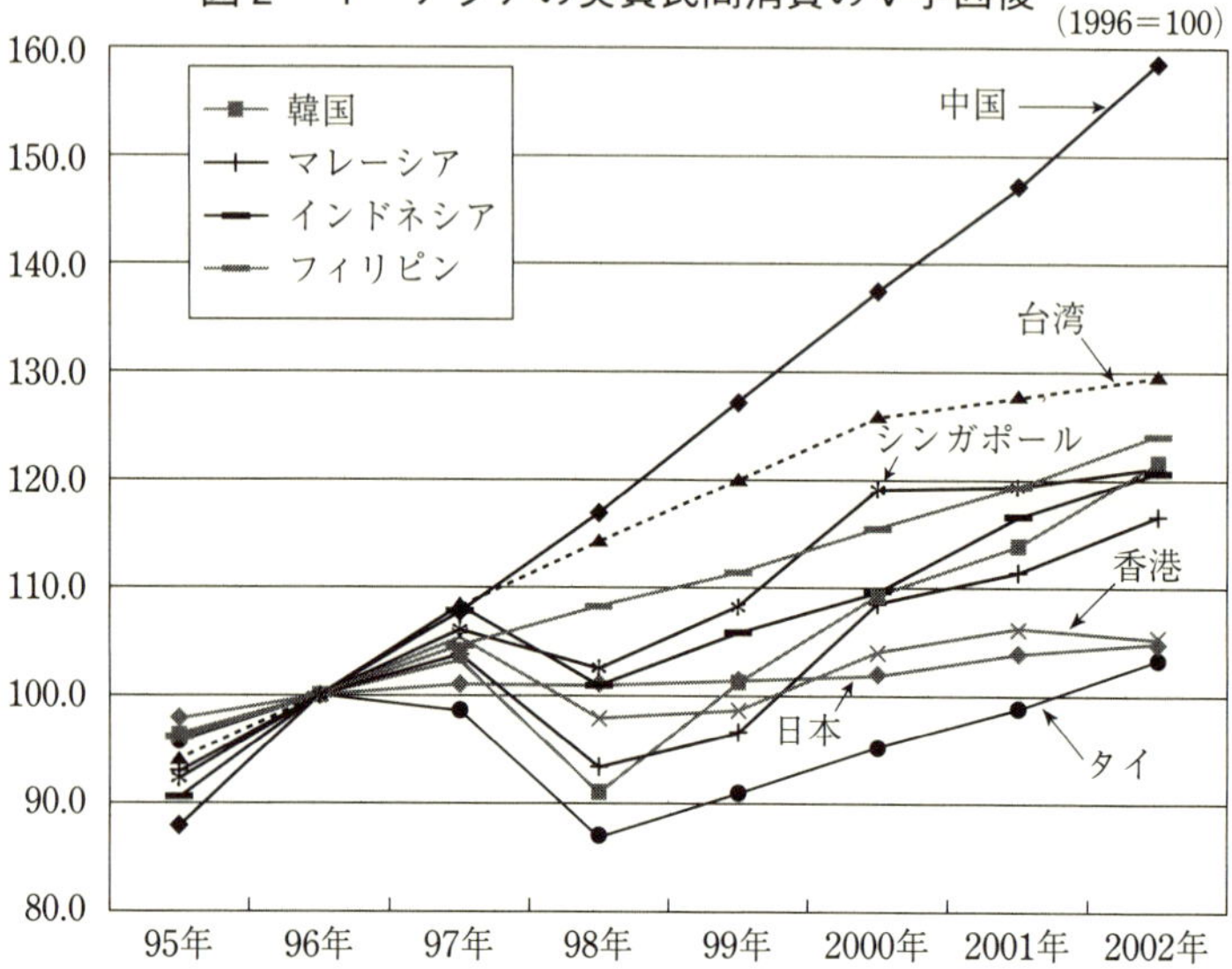

注）中国は、実質GDP成長率によって名目GDPを実質化し、名目・実質GDPともにGDP総額に対する各支出項目のシェアが同じであると仮定して算出。
資料）“Key Indicators 2002”（アジア開発銀行）、各国中央銀行・統計局統計、内閣府資料
出所）ジェトロ（2003）『ジェトロ貿易投資白書2003年版』p34。

が見てとれる。周辺国と比べて回復がやや遅れ気味だったタイでも、自動車販売台数が二〇〇二年、二〇〇三年と連続して三〇パーセント以上も増大し、家電製品の売り上げもこのころから好調となった。そして、地価が低下したことで住宅建設やショッピングセンター建設も活況を取り戻し、大型小売店の出店も復活した。マレーシアにおいても通貨危機後に大型の建設工事が一時ストップしたが、二〇〇〇年ごろには再開され、二〇〇三年ごろになると新たなショッピングセンターや大型店が次々とオープンした。

その後は、二〇〇三年の春に「SARS（重症急性呼吸器症候群）」が生じたり、二〇〇四年に鳥インフルエンザが大流行したりして消費回復に水をさした。しかし、消費市場にもたらした影響は東アジアほどではなく、順調な消費拡大が続いた。

二〇〇五年時点における東南アジアの消費市場は、全体的には一〇年ぶりの消費ブームといってよい状況下にある。さらに、二〇〇〇年ごろからはベトナムが新たな市場として加わった点も見逃せない。そのベトナムでは富裕層が増大し、高級商品市場も形成されてきた。そして、ここ数年は百貨店や大型スーパーの出店も相次いでいる（第8章）。さながら、タイやマレーシアの一九八〇年代の前半を見るようである。

しかし、通貨危機後の消費市場には、明らかにこれまでとは異なる脈絡が形成されている点には注意を要する。それらについて、順を追って見ていきたい。

3 「ハイパー系大型店」が席巻する消費市場

東南アジアの消費市場で生じている二つ目の現象は、小売業のめざましい発展である。通貨危機後の消費市場における最大の変化は、それまでの百貨店に代わってディスカウント系大型店やコンビニ、あるいは専門店チェーンが消費市場をリードするようになったことである。

表２－１　日系小売業のアジア市場参入

左側：参入年（西暦の下２桁）、右側の丸囲み数値：店舗数

企業名	タイ	マレーシア	シンガポール	インドネシア	その他東南アジア	中国 大陸	中国 香港	台湾	韓国
伊勢丹	92①	88②	72④			93④	73②	92①	
近　鉄						91①			
西　武						93①	89②	89③	
そごう	84②	94①	86④	90③		98①	85①	87⑥	
大　丸	64②		83③				60②	99②	
高島屋			95①					94①	
東　急	85①		87②				82①	90③	
阪　神								93①	
松坂屋							75①		
三　越			77①			89①	81①	91⑬	
名　鉄			84①						
イオン	85⑥	85⑱				96⑬	87⑨	03①	
イトーヨーカ堂						97⑥			
ヨークベニマル						05②			
西　友	96④		95③	95①	99ベトナム①	96⑤	90①		
ダイエー						95⑫			
平和堂						98①			
ニコニコ堂						97③			
マイカル						98①			
ヤオハン	91④	87⑦	74⑥	92①	87ブルネイ① 92マカオ①	91㊹	84⑨	88②	
ユニー							87①		
ファミリーマート	92(532)					04(106)		88(2024)	90(3506)
ミニストップ					00フィリピン(169)				90(981)
ローソン						96(300)			
７－11ジャパン						04㊿			

注１）店舗数は2007年４月時点、網掛けは撤退。
　２）表は合弁での出店と技術提携（商標貸与）による出店との両方を含む。
　３）そごうの海外事業は現地企業にすべて譲渡されたが商標は残っている。香港の西武も商標は残存。
　４）近鉄と三越の上海店、名鉄のシンガポール店は、いずれも小規模ショップ。
　５）西友の上海店とダイエーの中国はSM、イオンのバンコク店も主にSM、西友の北京店は小規模ショップ、ヤオハンは上海で大規模店のほかにSMチェーンも展開していたが省略。
出所）各種資料により筆者作成。

そもそも、戦後の東南アジア市場に最初に目をつけた外資は日本の小売業であった。東京オリンピックが開かれた一九六四年には、早くも大丸がバンコクに出店している。そして、一九八〇年代に入ると、伊勢丹、東急、そごうなどの百貨店、ジャスコ（現イオン）、ヤオハン、キミサワ、忠実屋などのスーパーが市場参入し、店舗を増やしていった。さらに、一九九〇年代には西友も加わった。しかし、一九九〇年代後半にはそのうちの多くが撤退をしてしまい、**表2−1**に見るごとく、現在では本格的な多国籍展開をする小売業は伊勢丹やイオン、ファミリーマートなどのごくかぎられた企業を残すのみとなってしまった。(3)

撤退していった日本の小売業と入れ替わるように進出してきたのが、欧米系の小売業である。**表2−2**は、アジア各国への欧米系小売業の進出状況である。中国大陸市場に注力する小売業も多いが、東南アジア市場ではタイやマレーシア、インドネシアで欧州系の外資小売業の進出が多く見られることが分かろう。また、意外にも世界最大の小売業であるウォルマートは、東南アジア市場ではまったくといってよいほど勢いがないことも見てとれよう。(4)

欧州系小売業の東南アジア進出は、オランダ系小売業「マクロ」による一九八九年のタイ進出

（3）　日本の小売業がなぜアジア市場から撤退せざるを得なかったのかについては、拙著（一九九九）『アジア市場幻想論』（新評論）、拙著（二〇〇〇）『小売業の海外進出と戦略』（新評論）、拙著（二〇〇二）「日系小売業のアジア進出と『誤算』」（ロス・デービス、矢作敏行編『アジア発グローバル小売競争』日本経済新聞社、第四章所収）を参照されたい。

表２－２　欧米系主要小売業のアジア市場参入

左側：参入年（西暦の下２桁）、右側の丸囲み数値：店舗数

企業名	母国	業態	タイ	マレーシア	シンガポール	インドネシア	フィリピン	ベトナム	日本	中国 大陸	中国 香港	台湾	韓国
カルフール	フランス	HM	96⑳	94⑧	97②	98⑮			00⑧	95(251)	96④	89㉞	96㉗
オーシャン	フランス	HM	97①							99⑲		00⑲	
カジノ	フランス	HM	99㊷									98⑬	
ブルボン	フランス	HM						98⑤					
テスコ	イギリス	SS	98(140)	02⑥					03(104)	04㉜		00⑤	99㊳
ウォルマート	アメリカ	SS				96②			02(404)	96㊸	94③		98⑯
コストコ	アメリカ	WC							99⑤			97③	94⑤
プライスマート	アメリカ	WC					01④			97⑬			
マクロ	オランダ	CC	89㉙	93⑧		92⑮	95⑫			96⑤		89⑧	96④
メトロ	ドイツ	CC						02④	02②	96㉔			
デレーズ	ベルギー	SM	97㊱		99㉟	97㊷							
アホールド	オランダ	SM	96㊼	95㊷	96⑭	96㉑				96⑮			

注１）HM：ハイパーマーケット、SS：スーパーストア（スーパーセンター）、WC：ホールセールクラブ、CC：キャッシュ・アンド・キャリー、SM：食品スーパー

２）店舗数は2004年末の数値を基に一部更新。網掛けは撤退。

３）カルフールの中国251店の内分けは、HM59店、SM（Champion）８店、ハードディスカウント（Dia）184店。

４）カルフールは1999年にプロモデス（仏）と合併している。

５）テスコのタイ140店の内訳は、HMが52店、その他の小型店（Express、Talad、Value）が計88店。

出所）各種資料により筆者調べ。

が最初であった。マクロは、会員制現金問屋（キャッシュ&キャリー）であり、本来は零細小売業者や屋台業者が会員登録をして商品仕入れを行う店で、基本的には段ボール単位で商品を卸販売する業態である。しかし、アジアをはじめとする途上国市場では、マクロは卸売業としてではなく一般の消費者が安くまとめ買いをする大型ディスカウント店として受容された。それゆえ、会員制というコンセプト自体を放棄せざるを得なかった市場も多く、そこでは段ボール単位ではなくバラ売りも行っている。これも、市場の脈絡への対応例といえよう。

その後に参入してきたフランスのカルフールやカジノ、イギリスのテスコなどはディスカウント系の大型店業態であった。これらは、「ハイパーマーケット」や「スーパーセンター」あるいは「スーパーストア」と呼ばれる業態であるが、本書ではこれらを一括して「ハイパー（業態）」または「ハイパー系大型店」と呼びたい(5)。

現在、タイ、マレーシア、インドネシアでは、香港資本のハイパー系大型店であるジャイアン

（4）欧州系小売業については、二神康郎（二〇〇〇）『欧州小売業の世界戦略』（商業界）、矢作敏行編（二〇〇〇）『欧州の小売りイノベーション』（白桃書房）、根本重之・為広吉弘編（二〇〇一）『グローバル・リテイラー』（東洋経済新報社）、エンリコ・コッラ（二〇〇三）『ヨーロッパの大規模流通業』（三浦信訳、ミネルヴァ書房）、田村正紀（二〇〇四）『先端流通産業：日本と世界』（千倉書房）などを参照のこと。また、アジアでの欧州系小売業の動向については、ロス・デービス／矢作敏行編（二〇〇一）『アジア発グローバル小売競争』日本経済新聞社、矢作敏行編（二〇〇三）『中国・アジアの小売業革新』日本経済新聞社を参照されたい。

トや地元資本なども交えて、熾烈な競争が繰り広げられている。そして、各国の小売業界のリーダーは、かつて隆盛を誇った百貨店からハイパー業態へと転換してきているのである。

その一方で、小型のコンビニ業態も発展を遂げてきている。東南アジアでのコンビニの火付け役は、アメリカのセブンイレブンであった。東南アジアではタイの二八六一店を筆頭にシンガポール（二六一店）、フィリピン（二五七店）、マレーシア（四六〇店）に進出している（店舗数は二〇〇五年一月時点）。日本からはタイにファミリーマート（二〇〇五年五月末で五〇九店）が、フィリピンのマニラにミニストップ（二〇〇五年六月末で一二一店）が進出し、それぞれセブンイレブンと激しい競争を展開している。

東南アジアのなかでも、もっともコンビニが

広大な駐車場を有するオランダのキャッシュ・アンド・キャリー店「マクロ」（バンコク）

急増して競争が激しいのがタイである。二〇〇四年末現在で約五〇〇〇店が存在するが、二〇〇五年だけでさらに一〇〇〇店の増大が見込まれている（タイ小売協会）。この要因には後述する大型店の出店規制の影響もあるが、そもそも東南アジアでは、熱帯特有の気候の影響から消費者が買い物に歩く距離が極端に短いため、コンビニのような商圏の小さな小型店チェーンが発展しやすい土壌がある。このあたりにも、東南アジア市場の脈絡の一部が垣間見られる。

もう一つ触れておかねばならないのは、ショッピングセンター(6)の発展である。東南アジアの大

（5）「ハイパーマーケット」とはフランスのカルフールが一九六〇年代に開発した業態で、生鮮を含む食品を中心とした大型スーパーを核に、衣料品も含めた非食品領域が加わったものが原型である。対して、アメリカで発達した「ディスカウントストア」とは、生鮮食品を扱わない非食品中心の低価格店のことをさしウォルマートが典型であった。しかし、一九九〇年代以降はウォルマートも生鮮食品を加えた総合型に移行してきており、それを「スーパーセンター」と呼ぶようになっている。イギリスでは、食品と日用雑貨（衣料品のウエイトは低い）を総合的に扱う「スーパーストア」が発展してきており、テスコがその代表である。「ハイパーマーケット」、「スーパーセンター」、「スーパーストア」などは、相互に類似してきており厳密な区別は難しくなっている。マレーシアやインドネシアでは、これらの総称として「ハイパーマーケット」という語が用いられている。他方、タイではこのような業態は一括して「スーパーセンター」と総称される。ちなみに、台湾では「量販店」、韓国では「割引店」、中国大陸では「スーパー」と称される。しかし、英語でそれらを総称する際には、「Hypermarket」もしくは「Hyper」と表現されることが多いため、本書でもそれに従って「ハイパー」という語で表現する。

都市を訪れると、現地のショッピングセンターのりっぱさに目を見張ることが多い。アジアで最初のショピングセンターは、一九五〇年代末にできたマニラの「マカティ・コマーシャルセンター」とされるが、クアラルンプールでも一九七〇年代の初めにはショッピングセンターが登場していた。一九八〇年代後半以降は数的にも規模的にも拡大し、日本のショッピングセンターの規模を遙かにしのぐ一〇万～二〇万平方メートル規模の巨大ショッピングセンターが各国に出現している。

このショッピングセンターの発展の歴史にも市場の脈絡の影が見える。熱帯の強い日差しや高い気温、激しい雨にさらされる「買い物」を強いられてきた熱帯では、一ヵ所ですべてを済ますこと（ワンストップショッピング）ができ、さらにクーラーが効いて激しいスコール

バンコクでしのぎを削るファミリーマートとセブンイレブン

（雨）からも逃れられるショピングセンターの登場は、東南アジアの市場の脈絡がもたらす「必然」でもあった。そこは、単なる「買い物の場」ではなく「憩いの場」としてより多様な機能を果たしており、単なる商業空間という概念ではとらえきれない意味づけがされているのである。したがって、東南アジアでは、商業競争がショッピングセンター間（商業集積間）競争に変化してきている。それゆえ、近年ではハイパー系大型店も、自店を核に三〇から五〇程度の専門店やレストランを入居させたショッピングセンター方式の店舗を構えるのが一般的となってきている。

4 ついにはじまった大型店規制

東南アジアの消費市場は、いわばこのようなショッピングセンター＝大型店と、コンビニのような小型チェーン店とが近代小売業の市場を占有しはじめている。このような状況下で危機的な状況に追いつめられているのが、個人経営の商店主たちである。

（6）ショッピングセンターは、マレーシアでは「ショッピングコンプレックス」と呼ばれている。また、英語圏では「ショッピングモール」という語も用いられる。本書では、それらの総称として「ショッピングセンター」という語を用いる。

外資を中心とするハイパー系大型店による市場支配はタイのバンコクでもっとも深刻化したことから、まず同国で議論が起こった。タイの大型店の規制をめぐる議論は、日本と同様にきわめて政治的な駆け引きであった。それは二〇〇〇年ごろからはじまったが、商店主たちがマスコミや世論も利用しながら政権に圧力をかけ、外資系ハイパーの出店規制案の制定を迫ったのである。政府内には、これを政権内の勢力争いに利用しようとする人々もいたために事態は複雑化し、新たな小売規制法をめぐる議論は長引いた。しかし、通貨危機後も相変わらず外資による経済成長に依存せざるを得ない政府としては、外国からの投資の自由化を謳う手前、外資の大型店を規制する訳にはいかなかった。

そこで考え出されたのがゾーニング規制(7)の利用である。そもそもバンコクでは一九七〇年代に都市計画法が整備されてはいたが、一九九〇年代の初めになってようやく法的拘束力のあるゾーニング規制が施行された。とはいえ、その実態は抜け道が多く、小売業の出店は無規制状態が続いてきた。政府は、紆余曲折の末に、検討してきた外資を標的とする小売規制法案を二〇〇三年秋に廃案として、その代わりに既存のゾーニング規制を強化することで打開を図る道を選んだ。

規制の内容は、当初は六〇〇〇平方メートル以上の小売業が対象とされる計画であったが、その後さらに強化され、一〇〇〇平方メートル以上の小売業すべてに対して網がかけられるようになった。この規制は二〇〇四年七月から施行されているが、バンコクでは実質的に新規の大型店開発は不可能な状態になっている。そして今後は、地方都市での規制も強化される方向である。

この厳しい規制は、タイの外資小売業に対して、小型食品スーパーやコンビニをはじめとする一〇〇〇平方メートル未満の小型店業態の開発を迫っている（第3章）。

このタイの規制は、マレーシアでの「予防的」規制も誘発した。第4章でも述べるが、イスラム教国のマレーシアでは競争に対する規制観念が非常に強い。二〇〇三年秋になり、政府は突然ハイパー業態の今後五年間の出店凍結という厳しい規制措置を発表し、二〇〇四年一月から首都を含む三つの地域で施行されている。予想外の厳しい措置への外資の戸惑いも大きいが、何より対象となる「ハイパーマーケット」の定義が明確になされないまま規制がはじまっており、混乱が続いている状態である。詳細は後章に譲るが、タイとマレーシアの規制政策はそれぞれの市場の脈絡の違いを端的に示す好例ともなっている。

なお、二〇〇五年になってインドネシア政府もハイパー業態に対する規制の検討をはじめた。現時点では内容が不明であるが、今後はこのような規制が各国に拡がっていくであろう。ただし、その規制内容や規制の狙いは各国の市場の脈絡に依存しているものであり、日本の大型店規制と安易に重ねることはできない点に注意が必要である。

（7）都市計画においては、計画区域を土地利用の用途によっていくつかの「ゾーン」に分類（ゾーニング）し、それぞれのゾーンごとに建築が可能な建物の種類（用途）、建ぺい率、容積率などを定めることが多い。このゾーンごとの規制を小売業の規制に転用するのである。具体的には、ゾーンごとの規制をベースにして、前面道路幅や交差点からの位置など、さらに厳しい規制項目を付加して強化されている。

5 急拡大する割賦販売と個人ローン・クレジットカード市場

これまでの市場論では、アジアの人々の所得の上昇が消費市場を拡大するという認識がいわば常識化してきた。したがって、所得が何千ドルに達すればクーラーが売れ出すとか、何千ドルに達すれば自動車が売れ出す、あるいはコンビニが登場するといった特定の先進国の経験を基にした「説明」がもっともらしくなされてきた。そこには、「市場の脈絡」へのまなざしはない。先進国のたどった道をそのまま途上国も時間差をもって歩むとする、単純で一元論的な市場観である。これも、「市場同質化」を前提とした市場観といえよう。

たしかに、貧困を脱した人々が生活必需品を近代小売業で購入するようになるプロセスにおいては、所得の上昇と消費拡大との相関性は高いかもしれない。しかし、必需品以外の消費財、とくに耐久消費財や嗜好品などについては、人間は「欲しいと思うから、必要だと思うから買う」のであって、単に所得の絶対額が上昇したから買っているわけではない。逆に、所得が低くても欲しいものは何としても手に入れたいと願うのが人間である。

問題は、「何をどのような脈絡で欲しいと思うのか」である。企業の側からいえば、どのような脈絡で欲しいと思わせるのかが問題ともいえる。また、欲しいものに所得が届かない場合に、「所得とのギャップをどのように埋めるのか」も重要である。企業の側からいえば、そのギャップを埋める仕組みをどう構築するのかが問題となる。とくに、耐久消費財の場合はそうである。所得と商品価格とのギャップは、一つには価格の安い代替品あるいは模倣品・海賊版の市場を拡大する。その意味では、模倣品市場はいわば必然的に拡大している側面もある。いってみれば、取り締まりの強化が功を奏しない理由の一端もそこにあり、法的な意識だけでは解決しない脈絡が存在するのである。また、そのギャップはもう一つの方向にも人々を走らせる。それが割賦販売（分割払い）やローン、クレジットカードでの購入である。事実、近年では、タイにおいて割賦販売やクレジットカードの爆発的な普及が生じている。そして、その傾向はマレーシアでも見られはじめている。とくに、割賦販売については、小売業が耐久消費財などを販売するための手段として活用している。いまや、割賦販売なしでは家電やバイクは売れないというのが常識である。

しかし、日本においてもカード破産者や消費者金融（個人ローン）による破産者が社会問題となっているように、東南アジア諸国でもすでに多重債務者や破産者が続出している。タイでは、政府がクレジットカードの金利上限を設定している。また、一定以上の所得がないかぎりクレジットカードが保有できない規制もあるが、その所得限度額も引き上げられつつある。さらに、二〇〇五年の五月にはカードローン以外の個人ローンに対して、貸し付け限度額の設定や所得下限の設定などを導入することが発表された。これにより、低所得者はローンが受けられないことになる。(8)

このような所得と商品とのギャップを埋める仕組みをめぐる攻防が、東南アジアの消費市場を左右しつつある点には留意すべきであろう。

(8) タイでは、すでに一九九〇年代に苦い経験をしている。通貨危機の直前のバブル景気のころ、国内の金融機関の貸付資金が大量にだぶついたことから、金融機関がノンバンクを通して個人に対して無担保で自動車ローンを組むという異常な事態が生じた。その結果、自動車市場は一気に拡がったが、通貨危機後の不況により返済不能になる人々が急増して、市場は壊滅的な打撃を受けたのである。また、不良債権の山を築いた五四社ものノンバンクが政府によって破綻処理された。

第3章 タイの消費市場

すでに40店を超えたフランスのカジノ社が運営するハイパー店「ビッグC」（バンコク）

1 利益をもたらさなかったグローバル化

「こんなのは、うちの店じゃない」

日本から来た幹部の怒りの声だった。しかし、日本式のやり方では利益が出なかったためにタイのやり方で行った結果利益が出たということも事実であった。日本と同じやり方を継続して赤字を出してまでグローバル化の面子《めんつ》にこだわるのか、それとも利益をとるのかの選択だったとされる。結局、本部はしぶしぶタイのやり方を容認せざるを得なかった。

「現在では、安定した利益を日本本部に配当していますし、本部の海外事業のなかでは優等生です。本部も、不満はありながらも認めてくれていますよ」と、タイすかいらーく社長のニワタナ氏（四九歳[1]）が笑って言った。

日本のファミリーレストランの草分け的な存在である「すかいらーく」が、タイに進出したのは一九九一年のことであった。日本と同じような店舗、日本と同じメニュー、そしてサービスをタイ市場にもち込んだものの、店舗投資に大きな費用をかけすぎたことや、コンセプトや味がタイの消費者に受け入れられなかったこともあって、期待したほどの人気が出ずに黒字化の目処が立たなかった。そして、店舗数も二店舗で停滞していた。

五年目になってタイからの撤退が検討されはじめたとき、現地スタッフの一人であったニワタナ氏が「自分にやらせて欲しい。自分のやり方で必ず成功させてみせる」と、日本の本部を説得した。現在のタイ法人は、ニワタナ氏が五一パーセントを出資している。

「当時は、タイの名門大学のチュラロンコン大やタマサート大の学部や大学院を出た従業員が一二人もいました。私自身が彼らの採用にかかわりましたので、彼らのためにも事業を継続させたかったのです」

ニワタナ氏が考えたやり方は、日本本部の想像を絶するものであった。まず、日本の標準的な店舗スタイルを破棄し、ショッピングセンターにあるフードコートへの出店に転換した。フードコートとは、壁に沿って間口が二メートル程度のさまざまな飲食店のカウンターがずらりと並

(1)　ニワタナ氏は、タイのタマサート大学で経営学を修めた。その後、日本の中古機械の輸入商を営んでいた兄のすすめを受けて来日、早大大学院を修了した日本通である。大学院修了後は、タイからブロイラーを輸入する日本の商社に就職、その商社がすかいらーく社と取引があったことから、出向の形でタイすかいらーくを手伝うこととなった経緯がある。

タイすかいらーく社長のニワタナ氏

んだもので、客は好みの店で料理を買ってからフロアの真ん中の好きな席について食べる。いわば、屋台街が近代化したものである。日本でも、大型スーパーなどの片隅に軽食やデザート・飲料を出すフードコートが見られるが、屋台の伝統があるアジアでは、大規模なフードコート（平均店舗数二〇～三〇店、平均席数一〇〇～一五〇席）がショッピングセンターや百貨店、大型スーパーには必ず併設されている。タイのすかいらーくは、そんな庶民的なフードコート専業店への大変身を断行した。

それ以前に出した大型店は、一号店の建設費が二七〇〇万バーツ（当時一億三〇〇〇万円）、ビルの一階に出した二号店はその内装費だけで一四〇〇万バーツ（当時七〇〇〇万円）もかかった。しかし、それがフードコートへの出店では、一店当たり五〇万バーツ（当時二五〇万

タイのすかいらーくはフードコート業態で急成長を続けている（バンコク）

円）に激減した。さらに、現在では二五万バーツ（六八万円）程度にまで低下している。

それにともなって、メニューも大転換させた。以前は一皿一五〇バーツ（七五〇円）もしていた値段を、フードコートは庶民の食堂であるからということで、一品二〇〜三〇バーツ（一〇〇〜一五〇円）程度に抑えた。そして、メニューを八種類にまで絞り込み、調味量などもタイ製のものを使ってコストを下げた。ギョーザ、サムライ・ポーク（照り焼きポークステーキ）、コリアン・ポーク（韓国風ピリ辛炒め）、ヤキトリ（照り焼き鳥）、カツレツポーク（トンカツ）、アメイジング・フィッシュ（魚のすり身フライ）、焼きサバ・セットである。すべて、「セントラルキッチン」と呼ばれる工場で一括加工され、店舗では最後の仕上げ調理（焼く、炒める、温めるなど）を行って皿に盛るだけである。このシステムやセントラルキッチンの管理方式は、日本のすかいらーくのやり方を受け継いだものである。

いまや、タイのフードコートでは、「すかいらーく」は手軽な日本食コーナーとして消費者の人気を得ている。一店舗当たりの売り上げは小さいが、現在は総店舗数が二〇〇店近くに達しており、総売り上げはすでに三億バーツを超えている。しかも、出店経費や家賃の安さから、二〇パーセント近くの経常利益を上げるという効率の高さを誇っている。

大転換を成功させたニワタナ氏の才覚と努力には目を見張るものがあるが、日本のモデルやイメージから脱しきれない企業が多いなか、その大転換を許可した日本本部の英断も高く評価できる。何より、国際化において企業が考えねばならないことを教えてくれる好例といえよう。

2 市場適応化の本当の姿

「日本では庶民的なファミリーレストランでも、タイでは高級すぎたのです。また、ファミリーレストランは、通常の高級レストランとも異なるでしょう。値段が高い割にはファミリー向けだし、メニューも西洋風で高級な日本料理に徹している訳でもない。金持ちが真剣に食事をしたいと思っても、ちゃんとしたコース料理があるわけでもない。しかし、庶民が来るには高すぎる。日本人にとっては合理的なコンセプトがタイ人には中途半端すぎて理解できず、受け入れられなかったのです」と、ニワタナ氏は振り返る。

たしかに、日本のファミリーレストランは独特のものである。それは、日本のローカルな市場の脈絡のなかから生まれてきた業態といえよう。すなわち、それが登場したのは高度経済成長が頂点を迎えた一九七〇年で、(2)食の西洋化が進み、さらに外食を家族で楽しむライフスタイルが急速に普及しはじめたころであった。子ども連れで気軽に入れて、西洋料理がセットメニューで気軽に食べられ、しかも少しリッチな気分も味わえるというファミリーレストランは、まさに当時の日本の市場の脈絡が求めていたものであった。

タイに進出した当時、この国も高度経済成長の頂点にあった。しかし、タイでは屋台での外食が普及していたし、フードコートも進化（清潔で高級化）しつつあった。いわゆる新興の中間層たちも、フードコートで十分に満足できた。そして、金持ちはもっと高級なレストランで食事をしていた。タイ市場の脈絡は、ファミリーレストランという業態コンセプトを求めてはいなかったといえる。日本と同じように経済成長で所得が上がっても、消費の脈絡は異なっていたのである。

タイすかいらーくの変容で重要な点は、市場の脈絡に従って「利益を上げる仕組み」を転換したことである。つまり、セントラルキッチン方式を持続させつつもフードコート業態に変わることで店舗投資コストと家賃コストを抑え、メニューを絞り込んで材料コストを大幅に抑えるといった転換を行ったことである。そうすることで、タイの不動産環境、外食スタイル、所得水準などと同調（シンクロ）して利益を確保できるようになったのである。真の市場適応が、創造や開発をともなうものである（第1章6節）ということをよく物語る例といえよう。

タイのフードコートを訪れる日本人旅行者のなかには、どこかで見たような鳥のマークに気づく人もいるが、それが本物の「すかいらーく」だと思う人は少ない。ましてや、タイのフードコートに「すかいらーく」の店舗網が二〇〇店近くも張り巡らされていることを知る人はない。多くの日本人には決してスマートには映らないであろうが、この姿こそが、タイのローカルな市場の脈絡を見事に映し出した鏡となっていることにわれわれは注目すべきなのである。

（2）　日本初のファミリーレストランは、一九五九年にロイヤルが福岡新天町に出店した店舗ともされるが、現在のファミリーレストランの原型は、一九七〇年にすかいらーくが府中市に出店した「すかいらーく」一号店や、ロイヤルが一九七一年に北九州市黒崎に出店した「ロイヤルホスト」一号店だといえよう。

3 グローバル小売業に突きつけられた「ソフトな刃《やいば》」

いま、バンコクで大変興味深い現象が進みつつある。それは、「タラート」と呼ばれる伝統的な小売市場《いちば》をめぐる現象である。

日本では、「小売市場《いちば》」というと、食品スーパーの発展とともにほとんど姿を消してしまった「過去の遺物」というイメージが強かろう。もちろん、大阪などにはまだ少なからぬ小売市場が見られるが、その多くはやはり食品スーパーなどに押されて衰退傾向にある。全国的に街の商店街が衰退してきていることはよく知られているが、小売市場《いちば》はそれ以上に姿を消してきたのである。若い世代にとっては、市場《いちば》といわれても、観光地の朝市や鮮魚市場、あるいは築地などの卸売市場くらいしか思い浮かばないのが実情ではなかろうか。

しかし、アジア諸国にはまだ多数の在来市場《いちば》が存在し、生鮮食品の流通において最大のチャネルとなっている。しかし、それはアジアの小売近代化が遅れているからではない。近代的な小売業が発達してきているにもかかわらず、日本のように急速な衰退を見せていないのである。むしろ、食品スーパーとの競争に打ち勝つ存在ともなっているのである。小売業が近代化すると伝統的な小売市場《いちば》はすぐにそれに取って代わられるというイメージは、アジアのなかではむしろ日本独特のものであるといっても過言ではなかろう。

タイの小売業に占める業態別の売り上げシェアを一九九九年と二〇〇二年とで比較してみると、外資系を中心とするハイパー業態の大型店のシェアが全体の一一・八パーセントから一八・七パーセントに伸張している。しかし、一方で伝統的なタラートも、七一パーセントから六一パーセントと低下しつつも依然として大きい比率を占めている。驚くべきことに、日本でならタラートを駆逐するはずの食品スーパーは三パーセントから三・五パーセントへの微増にとどまっているのである（タイ中央銀行調べ）。すなわち、タイではタラートはシェアを低下させてはいるが、食品スーパーとの競争では決して敗者とはなっていないのである。

　さて、このタラートに関して、最近、注目すべき動向が見られる。タイは、アジアでもっとも外資系のハイパー店競争が激しい市場である。その先端を走るのが、イギリスのテスコ・ロータス（以下テスコ）である。テスコは、すでにハイパー業態の大型店を五二店（うちバンコク市内二三店）、二四時間営業の小型店を七二店舗も展開

にぎわいを見せるタラート(バンコク)

している。そのテスコが、二〇〇五年に入ってさらに新たな業態「テスコ・タラート」を開発した。この業態のコンセプトは、その名の通り身近なタラートであり、七〇〇～一五〇〇平方メートル程度の小型店に並ぶ商品は、六〇パーセントが生鮮食品で、三〇パーセントが加工食品（乾物類）、そして一〇パーセントが日用品である。

もちろん、伝統的なタラートのように零細な市場商人が集まって一つの市場《いちば》を形成しているわけではなく、基本的には近代的な食品スーパーである。そのコンセプトは、伝統的なタラートと同じように、徒歩で買いに来る近隣の住民に、庶民的な臭いのする小ぢんまりとした店舗で、食品を中心とした日々の暮らしを支える商品を提供すること、そして、とりわけ新鮮な生鮮品を量り売りで安く提供することである。つまり、近代的なシステムに支えられていながらも、あえてタラートのような身近な存在に徹しているのだ。出店場所も、下町の住宅街である。店舗の外見も決して先端的とはいえず、既存の古びた建物を改築したものも多い。将来的には「テスコ・タラート」を二〇〇～三〇〇店程度出す予定とされ、有望な業態として期待をかけている。

グローバル小売業として名高いテスコは、タイ市場に進出して以来、これまで大型店から小型店まで多様な小売業態を開発してきた。そのたどり着いた先が、皮肉にももっとも伝統的なタラートのコンセプトであったのである。そこには、ローカルな市場の脈絡がグローバル小売業に突きつける「ソフトな刃《やいば》」を確認することができる。

4 タラート人気を支える市場《いちば》の脈絡

タラートは、二〇〇三年時点でバンコク市内に一五五ヵ所、一〇〇〇平方メートルを超える規模のものだけで見ても八〇ヵ所も存在している。(3) たしかに、ハイパーなどに客を奪われている部分はあるものの、それでも依然として根強い支持を受けている。タラートが人気を保ち続け、近代的な食品スーパーが停滞している理由としては、次に挙げる六つのものが考えられる。

❶鮮度が「確認」できること

一般に、市場《いちば》は商品が新鮮であるといわれるが、実際には近代的な鮮度管理の設備がないため、とくに熱帯地域では必ずしも新鮮とはいえない。むしろ、問題は消費者が鮮度の良し悪しを「確認」できるかどうかにある。たとえば、食品スーパーのパック詰め商品のように、切り身になった魚や細切れになった肉は鮮度の確認が不可能である。その点、タラートはすべての商品の鮮度が自分の目と手、耳と鼻で確認でき、納得したうえで買うことができる。

(3) 片岡義晴（二〇〇四）「バンコクの市場」（『法政大学文学部紀要』五〇号）には、バンコク市内のタラートのリストがある。タラートの数自体には減少傾向が見られるとされる。

これは、販売者と客との間に商品をめぐる信頼関係が成立しているかどうかという問題でもある。成立していなければ「確認」は不可欠であるし、日本のように成立していれば不要となる。日本のスーパーの普及速度は、いわば消費者とスーパーとの信頼関係の成立速度に依拠した側面もあるといえる。その分、市場《いちば》が急速に衰退したともいえようか。途上国のスーパーでは、パック詰めされた肉や魚をラップの上から指で押して「確認」している客を多数見かけるが、その光景こそが途上国での市場の脈絡を示しているといえよう。

❷サイズや分量が自由に「選択」できること

タラートの良さは、好きな大きさ、好きな分量、好きな部分が売ってもらえる点にある。交渉次第では、魚を頭だけ三つ買うことも可能である。タラートにおける商品の「選択」の自由度は、勝手なサイズや勝手な部分を勝手な量だけパックや袋に詰めて売るスーパーとは比較にならない。とくに、低所得者にとっては、その日の収入や予算に合わせて欲しいものを無駄なく買えるという点で大きなメリットがある。

❸価格が交渉によって「決定」できること

一般に、タラートは商品が安いとされる。たしかに、スーパーなどと比較すると、商品の選別やパック詰めなどの加工費、冷蔵保管費、運賃、人件費などのコストがかからない分だけ非常に安くなる。しかし、タラートの最大のメリットは、むしろ価格「決定」権が買い手の側にある点が挙げられる。もちろん、値札が付いているものもあるが、目の前の商品と価格とを見比べて、納得のいく価格で買うことができるのである。高いと思えば、「ねぎり交渉」をはじめることになる。商品価値は、最終的にはこの交渉によって決まる。たとえば、昼前になって鮮度が落ちてくると商品価値が下がるのは当然であろう。まとめ買いの値引きもあろうし、ほかの商人や店舗との比較で値切ることもできる。また、長年の付き合いが理由で、何も言わなくても向こうから値引きしてくれたり、おまけを付けてくれたりもする。さらに、場合によっては、お金がなくてもツケで買うこともできるのである。このようなタラートの機能は、収入の安定しない低所得者にとっては、何ものにも代え難いものである。相互扶助、あるいは社会保障制度を代替する機能があるともいえよう。スーパーにはそのような機能が欠落しており、低所得者や失業者には冷たいシステムとなっている。

❹「近隣性」と「ワンストップ性」にすぐれていること

タラートは、住宅が密集した場所に設定されていることが多い（タラートの周囲に密集したともいえるが）。客のほとんどは徒歩で買い物に来る。したがって、バス代などの移動コストは不要である。近所に本格的なタラートがないエリアでも、道ばたに自然発生的なミニ・タラートが形成される。それに対して近代的なハイパーは、商品は豊富で安いが、郊外など居住地から離れた場所に立地している（近年は後述のように市街地に進出したが）。そこに行くコストは、所得の低い層にとっては重荷となる。

タラートの品揃えは、実際はかなり幅が広い。生鮮食品だけでなく、乾物類、米屋、卵屋、衣料品（布地と既製服）、家庭用雑貨、文具類、それに仕立屋や鍋釜の修理屋も出ている。さらに、多様な料理や総菜を提供する屋台も多く集まる。食事を済ませることもできるし、子どもに屋台でおやつを買ってやることもできる。近年の日本の食品スーパーは、すぐに食べられる魅力的な総菜（デリカテッセン）の開発に力を入れているが、タラートのほうが先を行く面もある。ワンストップ・ショッピングが近代スーパーやショッピングセンターの魅力であるが、タラートも基本的な商品が揃っており、ワンストップで多くの商人の店を比較しつつ、欲しい生鮮品の鮮度、分量（部位）、価格などが選択・交渉できる。提供する商品のレベルが違うとはいうものの、ハイパーやスーパーなどと使い分けさえすれば、日常消費の大部分はタラートで十分なのである。

❺供給が「不安定」であること

逆説的ではあるが、タラートの重要な魅力の一つに供給の不安定さがある。つまり、朝にあった商品も売り切れた時点で買えなくなるし、昨日売っていた魚や野菜が今日は手に入るかどうかは分からない。昨日、店を出していたおばさんも今日は休んでいるかもしれないし、別の新たなおばさんが店を出していることもある。要するに、タラートに足を運んでみないと何が手に入るのか分からないのである。

ひょっとすると、珍しい商品や思わぬお買い得商品を見つけるかもしれない。それは、行ってみないと分からない。だから、毎日、ワクワクしながら足を運ぶ。この、ワクワク感や期待感は、安定的に商品を供給し、チラシで商品情報を絶えず流している日本のスーパーではあまり感じられなくなってしまったものである。

❻「情報交換の場」であること

もう一つ、タラートが近隣の人々のコミュニケーションの場となっていることも挙げられる。それは、単に親しい市場商人のおばさんたちとおしゃべりをしたり、そこで出会った近所の知り合い同士が立ち話をするだけではない。近所同士で協力して値引き交渉をしたり、まとめて安く買った商品を分け合ったりもする。さらには、ほかのタラートやハイパーなどでの新たな買い物情報が入手できることも少なくない。

そもそもタイなどの途上国では、日本のように新聞の宅配が存在しない。したがって、新聞に近所のスーパーのチラシが入り、それを比較しながら事前に今日の買い物の場所（店）を決めることはできない。もちろん、タイの在来市場《いちば》がチラシをつくるはずもないが、近代スーパーといえども効率的にチラシを配布するすべがないのである。消費財の買い物情報はきわめて不足しており、それを補う場として在来市場《いちば》が機能している。

以前、バンコクのタラートで興味深い光景に出会った。一台のトラックがタラートの入り口に止まり、荷台から揃いのジャンパーに身を包んだ若者の一団が降りてきた。そして、大判の冊子をタラートの行き帰りの客に配りはじめたのである。受け取ってみると、それは何と外資系ハイパーのバーゲンセールのチラシ（冊子）であった。チラシにはタラートでは手に入らない商品が多数掲載されているし、加工食品類や日用品などはハイパーのほうが安いのであるが、生鮮食品などの価格で比較すればタラートのほうがかなり安いので逆効果という気もする。

しかし、よく考えれば、ハイパー側はタラートが情報交換の場として機能している点を利用しようとしているのであろう。つまり、ハイパーのチラシを片手にして情報交換を行うタラートの買い物客を期待しているのである。チラシの配布効果を最大限に引き出す場所こそがタラートなのである。その意味では、ローカルな市場の脈絡をうまく活用した戦略といえよう。

5 タイの小売競争構造

ここで、タイの小売競争の現状について述べておきたい。タイは、地場（民族系）、欧州系、日系、が三つどもえで競争を展開する市場である。現在でこそ欧州系のハイパーが市場を席巻し

表3－1　タイの主要ローカル小売業

	業　　態	創業年	店舗数	売上額
セントラル	百貨店	1957	15	462
ロビンソン	百貨店	1979	19	238
モール	百貨店 ショッピングセンター	1983	7	734

注1）ロビンソンはセントラルの系列下にある。
2）店舗数は2005年6月時点。売上額は2003年のもので単位は億円。
出所）ユーロモニター社資料、各社ホームページなどを基に作成。

てきているが、タイは古くから日本の小売業が進出し、また地場の小売業も勢いをもってきた市場でもあった。以下、それぞれのセクターの現状を順に見ていきたい。

地場

地場資本の主要小売業は、百貨店業態を中心に発展してきた。**表3－1**のごとく、開業がもっとも早いのはセントラル百貨店である。一九七〇年代から地場百貨店の先端を走り、近年テスコにその座を譲るまで、老舗の百貨店として売り上げ規模で業界トップを走ってきた。また、ロビンソン百貨店は地方に店舗が多いのが特徴で、長らく業界二位の座にあったが、一九九五年にセントラルとロビンソンは同じ持ち株会社の傘下に入って統合されている。さらに、モールは不動産開発が本業であるが、一九八〇年代からの都市開発ブームに乗って成長し、一九九七年には高級百貨店エンポリアムを開業させて高所得者層の人気を集めている。バンコクにあるセントラル百貨店のチッドロム店やエンポリアム百貨店のスクンビット店などは、店舗内装や品揃え、商品管理レベルも高く、地元勢の実力の高さをうかがうことができる店舗といえよう。

また、小売業出身ではないので表には掲げてないが、一九八〇年代から外資小売業と組むことで小売業に参入した大手企業もある。それが、農業部門（飼料生産や養鶏）を核に、不動産、先端産業、金融などに手を広げたコングロマリットである「CP（チャランポカパン）グループ」である。そもそも欧米系小売業の進出は、もともとはCPグループが誘致したところからはじまっている。CPグループはマクロ（オランダ）、デレーズ（ベルギー、撤退済み）、セブンイレブン（アメリカ）らと組み、それに対抗する形でセントラル＝ロビンソン・グループがカルフール（フランス、株式譲渡済）、アホールド（オランダ、撤退済み）、ファミリーマート（日本）らと組んで競い合ってきた。

CPグループは、このほかにアメリカから技術導入したハイパーに似た業態（タイではスーパーセンターと呼ばれる）の「ロータス」を一九九四年に独自開発し[4]、セントラルもそれと似た「ビッグC」を開発して、今日のハイパーブームの基礎をつくった。

欧州系

しかし、これらの外資との合弁事業は、一九九七年の通貨危機の際に生じた資金不足から外資に次々と売却されていった。政府も外資の持ち株比率規制を緩和して、これを支援した。具体的には、CPグループはマクロやロータスの持ち株を売却し、セントラルはカルフールの株をカルフール側にすべて譲渡した。欧州系がプレゼンスを高めるのはこのころからである。通貨危機が欧州系を成長させたともいえよう。

欧州系小売業の動向は、**表3－2**に示すごとくである。各社とも通貨危機後の外資規制緩和によって投資額を拡大し、店舗数を急増させてきた。しかし、近年の店舗増は、後述するように大型店の規制を目前にした駆け込み出店的色合いも強いことには注意を要する。欧州系のなかでもとくに成長めざましいのが、テスコが買

（4）　ロータスは、アメリカのウォルマート出身者に開発させたハイパーマーケットに近い業態であった。在庫を売り場内の棚の上に積み上げるスタイルが特徴である。なお、CPグループはロータスをテスコに売り渡したものの、そのノウハウを元に独自に中国大陸で「ロータス」を展開して成功を収めている。現在では、上海を中心に四〇店舗を出店している。

ハイパーの店内も洗練されつつある（バンコク郊外）

表３－２　タイの主要欧州系小売業

	業態	創業年	母国	店舗数	売上額
テスコ・ロータス	HM	1994	イギリス	52	1,540
カルフール	HM	1996	フランス	20	446
ビッグＣ	HM	1994	フランス	42	1,180
マクロ	CC	1989	オランダ	29	1,067
（トップス）	SM	1996	オランダ	(47)	1,058
（フードライオン）	SM	1994	ベルギー	(32)	103
ブーツ	SS	1997	イギリス	61	47

注１）HM：ハイパーマーケット、CC：キャッシュ・アンド・キャリー、SM：食品スーパー、SS：専門店
２）（　）内は撤退済み企業。店舗数は2005年６月時点。売上額は2003年のもので単位は億円。
出所）商務省資料、Euromonitor 資料、その他を基に作成。

収した先述のロータスである。同社はテスコ・ロータスと改称し、急成長を遂げて業界のトップに躍り出た。そのプロセスで、テスコは多くのノウハウをイギリス本国に持ち帰り、さらに韓国などほかの海外店にも移植したとされる。(5) その意味で、ロータスはテスコにとって非常に有意義な「買い物」であった。一方、カルフールの業績は振るわず、店舗数もハイパー業態店が二〇店舗のみと、テスコとは大きな差がついてしまっている。

日系

日系小売業の最初の進出は、一九六四年に進出した日本の「大丸」であった。当時の大丸は、小規模店ながら王室や貴族といった富裕層の人気を集めたこともあり、長らくタイ小売業界でトップを占め続けた（一九八八年撤退済み）。(6) 日系の進出が本格化したのは、**表３－３**のごとく一

九八〇年代半ばからであったが、一九九七年の金融危機後はむしろ撤退が続いている。この時期に本格進出してきた欧州系小売業と交代した感も否めない。残存する小売業も、総じて大きな利益を上げてはいない。そのようななか、二〇〇五年春には進出から二〇年を迎えたイオンが会社更正法の申請を行った。現在は、大幅なリストラによって再起を図っている状態である。

日系のプレゼンスの低下という意味では、そごうの閉店が象徴的であった。そごうは、日本本社が破綻してからは海外からの資本をすべて引き揚げたものの、マレーシア、インドネシア、香港、中国などでは商標貸与やマネジメント契約の形に切り替えて看板を残している。しかし、タイではすべてを現地パートナーに譲渡して二〇〇一年末に完全撤退を行った。バンコクの都心の一等地を占めた高級店であっただけに、そごうの看板の消失は日系の元気のなさを象徴するものとなった。

ただし、日系のなかでもファミリーマートは二〇〇四年末までに五〇〇店を超える勢いで急増しており、また印僑との合弁で進出したレンタルビデオのツタヤ（カルチュア・コンビニエンス・クラブ）も二〇〇五年五月末で二一〇店に達するなど、順調に成長してきている。

（5）たとえば、矢作敏行（二〇〇三）「テスコのアジア国際化プロセス」（『中国・アジアの小売業革新』矢作編、日本経済新聞社所収）では、テスコ社における本国と海外間での技術移転の一部が明らかにされている。

（6）タイ大丸の撤退は郊外出店の失敗が要因となったが、それについては拙著（一九九九）『アジア市場幻想論』（新評論）の第四章に詳しい。

表3－3　タイの日系小売業

	業態	創業年	店舗数	備考
東急	百貨店	1985	1	1店舗閉店
伊勢丹	百貨店	1992	1	
イオン	SM	1985	7	
フジ	SM	1985	2	
ファミリーマート	CVS	1992	508	
(ヤオハン)	GMS	1991	(4)	撤退（1997）
(大丸)	百貨店	1964	(2)	撤退（1998）
(そごう)	百貨店	1984	(2)	撤退（2001）
(阪急)	SM	1991	(2)	撤退（2001）
(西友)	SM	1996	(4)	撤退（2002）

注）店舗数は2005年7月時点。(　)内は撤退企業と撤退時の店舗数。
出所）筆者調べ。

イオンは食品スーパーに特化して再起を図る（バンコク）

6

流通の川上が有するローカルな脈絡《コンテキスト》

タイの小売業が頭を悩ます問題に商品仕入れという問題がある。基本的にタイでは、多様なメーカーの商品を扱取って品揃えを行い、小売業の注文に応じて配送してくれる日本的な問屋が存在しない。そのため、メーカーと小売業との間での需給調整が困難となり、川下での欠品が常態化している。メーカー側は品薄の売れ筋商品ほど有力な小売業に優先的に回すため、店舗数が少なく取引規模（発注ロット）の小さな日系小売業は後回しにされるリスクもある。さらに、小売業は個別のメーカー（メーカー代理店や販売会社）ごとに直接取引をしなければならず、取引先の絶対数が膨れあがって口座管理が大変となる。つまり、日本のような取引の集約化ができていないのである。

また、衣料品の場合、ブランド品を扱う有力サプライヤーが限定されているために品揃えの個性が出しにくく、価格競争に陥りやすい構造がある。さらに、それらのメーカーの多くが財閥系グループの傘下に入っているため、グループ企業内の小売業との結び付きを強めつつあり、グループ外の小売業は仕入れ価格や商品供給などの取引条件面で不利な状況に置かれる傾向もある。食料品の場合も同様で、メーカーの数は多いものの実際の仕入れ先は特定企業に集中してしまう傾向も見られる。

海外の小売業は、ローカルな消費（川下）の脈絡に対応するとともに、このような中間流通やメーカーの生産体制といったローカルな川上の脈絡への対応にも迫られていることには留意すべきであろう。

7 大型店が問題となる市場の脈絡

タイの小売業界において、ここ数年前から注目されている話題は大型店の出店規制問題である。**表3－4**のごとく、一九九〇年代後半からはじまった外資系ハイパーの怒濤の出店攻勢に対して、二〇〇〇年ごろから既存の個人商店主らが出店規制を求めて政府に陳情を繰り返してきた。その結果、政府は小売業法（the Retail Act）の制定の方針を打ち出し、これを受けて営業時間制限や立地規制が政府内で議論されてきた。しかし、外国企業からの投資に経済発展を依存しているタイでは正面切って外資を規制する法律を制定するわけにもいかず、議論は難航した。

そこで政府は、既存の都市計画法を基礎とした土地利用規制を行うことで外資の自由化政策を堅持した。すなわち、バンコクでは一九九二年に施行されている土地利用のゾーニング規制が存在したが、それを厳格に守らせる（従来は有名無実）ことで大型店を規制することとなったのである。こうして、二〇〇四年七月から非常に厳しいゾーニング規制が実施され、バンコクでは実

表3－4　主要外資系ハイパーの出店数

企業名	94	95	96	97	98	99	00	01	02	03	04	05年
テスコ	1	2	5	12	14	17	24	33	43	47	48	52
ビッグC	4	6	11	18	20	20	23	29	33	36	40	42
カルフール	－	－	2	6	6	9	11	15	17	19	20	20
マクロ	9	10	13	15	16	17	19	20	21	22	23	29
合計	14	18	31	51	56	63	77	97	114	124	131	143

注）2005年の数値は6月時点。バンコク市外の店舗数も含む。
出所）タイ小売協会資料、Bangkok Post記事などを基に作成。

質的に大型店は出店できなくなった(7)。

大型店と零細小売業との対立といえば、アジアでは日本が先輩である。一般には、大型店に個人商店の客が奪われるという構図が問題とされるが、そのプロセスには「中間項」が存在する。日本の場合、大型店と個人経営の商店との競合は、当初は駅前や商店街のなかのスーパーと個人商店との競合であったが、その後は自家用車の普及（モータリゼーションの進行）という中間項が働いて、郊外立地の大型店（ショッピングセンター）と中心市街地にある商店街あるいは古い大型店（駅前や商店街内）との競合に変化している。つまり、「郊外VS中心市街地」の競合である。その結果、かつては争っていた中心市街地の商店街と大型店が手を組んで郊外の大型店に対抗しようとする姿も見られる。

(7) タイの出店規制の経緯については、拙著（二〇〇四）「外資大量出店に立地規制」（日経MJ、二〇〇四年一月二〇日付）を参照のこと。

図3－1　バンコクにおける外資系大型店の分布

a〔1998年4月〕

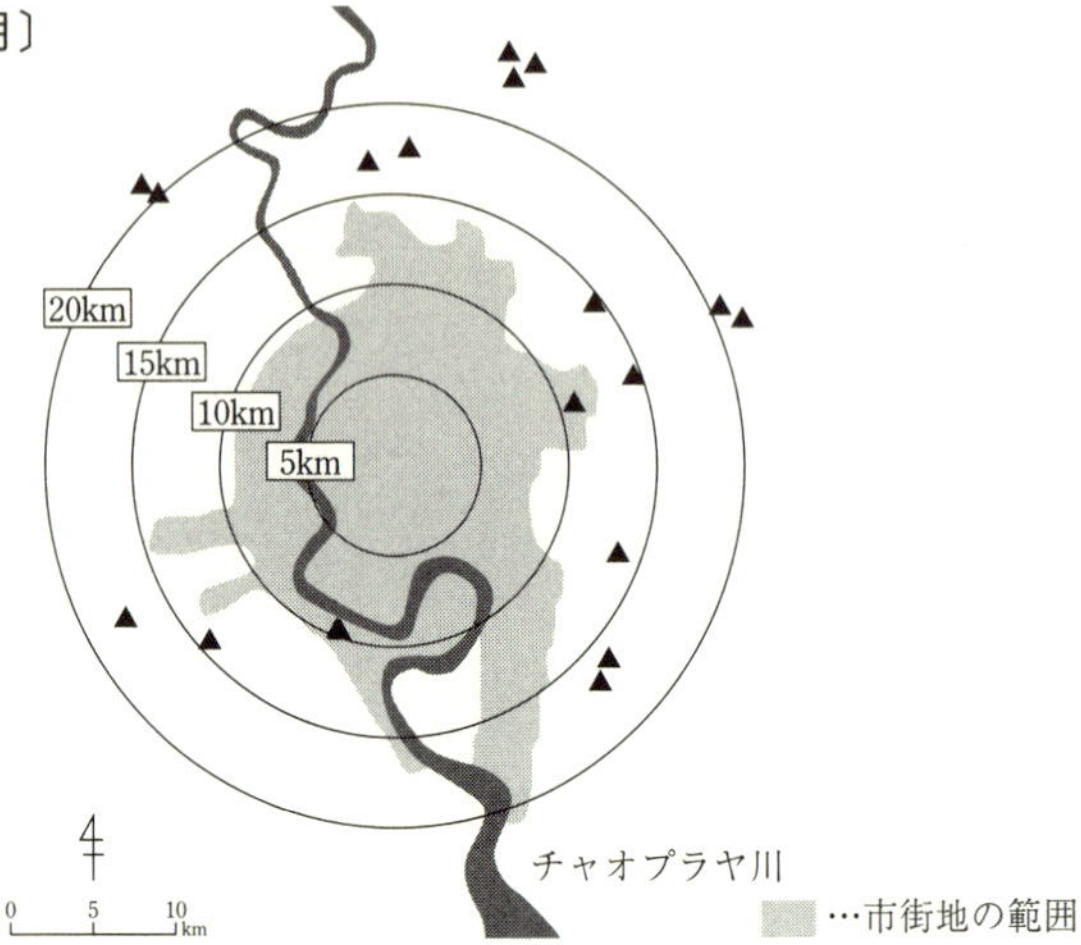

b〔2004年11月〕

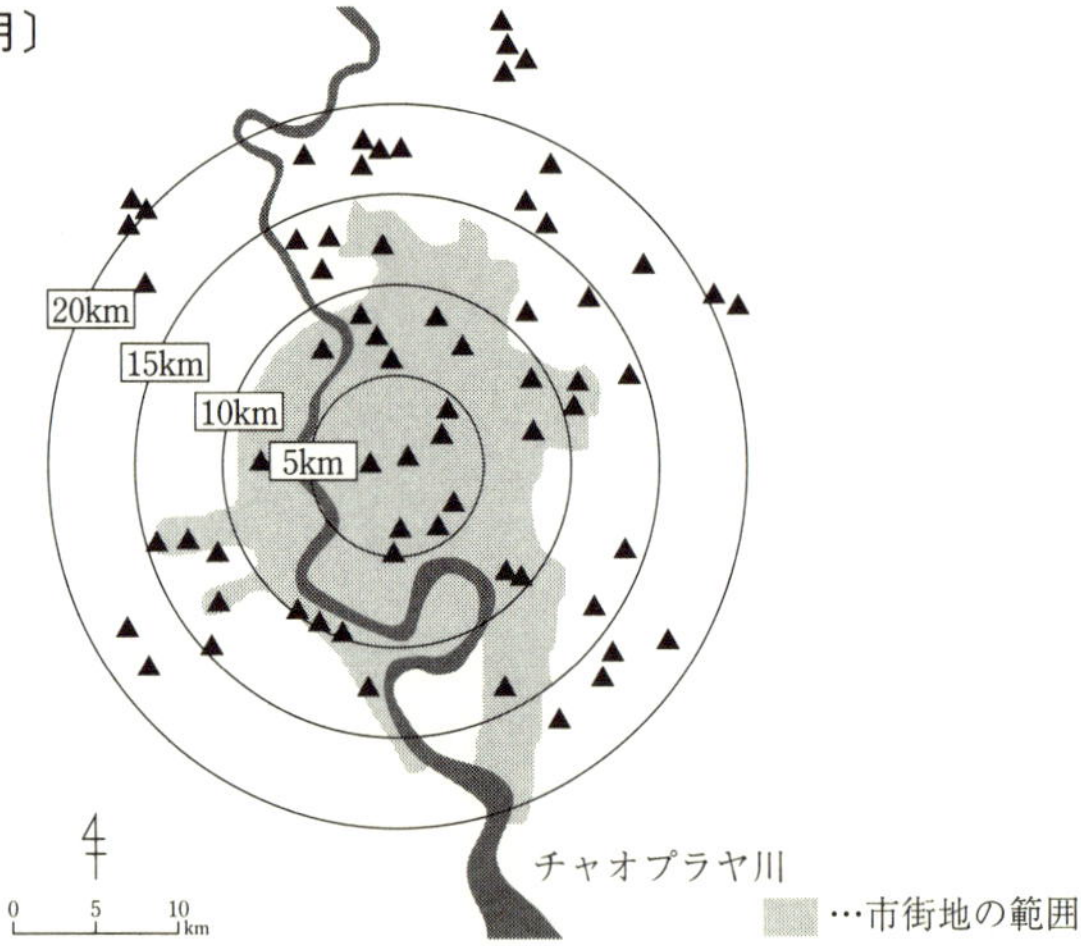

注1）円の中心は、都心のラジャダムリ通りとプルンチット通りの交差点。
　2）外資系大型店とは、カルフール、テスコ＝ロータス、マクロ、ビッグCの4社。
出所）筆者調べ。

では、タイの場合はどうであろうか。**図3−1**は、バンコクにおける一九九八年と二〇〇四年のハイパー系大型店の分布を見たものである。ハイパーは、まずは都心部から一〇キロメートル以上も離れた場所に出店された。その理由は、ハイパー業態は安売りによる利益率の低さから、地価が高い場所では成り立たないからである。地価の安い郊外に広大な面積の店舗を建てて、車で買い物に来る消費者にまとめ買いをしてもらう。大量に商品を販売することでメーカーからの仕入れ値を下げさせて、さらに安く売るという循環をつくり出す業態がハイパーなのである。

一九九八年の分布図は、通貨危機が生じたころの分布を示しているが、通貨危機以前は地価が急上昇していたため、都心から二〇キロメートル以上も離れた地域にまで出店地域が拡大していた。ところが、通貨危機により、中心部の市街地の不動産価格が下落すると事態が一変した。二〇〇四年の分布図からも明らかなように、一斉にハイパー店が中心部の市街地に向けて出店したのである。この要因には、市街地の地価の下落だけではなく、当初予想されたほど自家用車の普及が進展しなかったこともある。モータリゼーションという中間項の働き方が、日本とは異なっていたのである。

郊外のハイパーに買い物に行く手段（自家用車）をもつのは富裕層であり、ハイパーが狙っている比較的所得の低い層は、バスやバイクタクシーなどを利用して店に来ていた。その意味では、立地はミスマッチを起こしていたのである。もちろん、自家用車はローン販売を介して中間層にも普及していたが、日本におけるモータリゼーションの進展とは比べものにならなかった。

したがって、地価下落をきっかけに、ハイパーが市街地に住んでいるより所得の低い消費者の側に移動してきたのである。これは、消費者のモビリティ（移動性）の小ささが店舗の立地に大きな影響を与えた事例としても興味深い。

ところが、ハイパーの市街地進出は、そこにあった個人商店に大きなダメージを与える結果となった。これが、大型店規制を望む声を大きくした要因である。つまり、大型店はこのような市場の脈絡によって「問題」性を強めたといえるのである。

8 規制は成功しているのか

では、規制の内容を具体的に見てみよう。

図3－2はバンコクのゾーニング区分であり、**表3－5**は各ゾーンごとの小売業規制の概要である。バンコク市内は四つのゾーンに分けられ、第一ゾーンでは出店が全面的に禁止された。そのほかのゾーンは、もっとも規制が緩やかなゾーンでも、売り場面積が四〇〇〇平方メートル未満の店舗しか出せなくなり、市街地である第三ゾーンに至っては一〇〇〇平方メートル未満のものしか出せなくなった。これまでのハイパー系大型店は一万平方メートルを超える店舗であったため、実質的にはそのような大型店はまったく出店ができなくなってしまった。また、店舗周辺

図3－2　バンコクの出店規制ゾーン

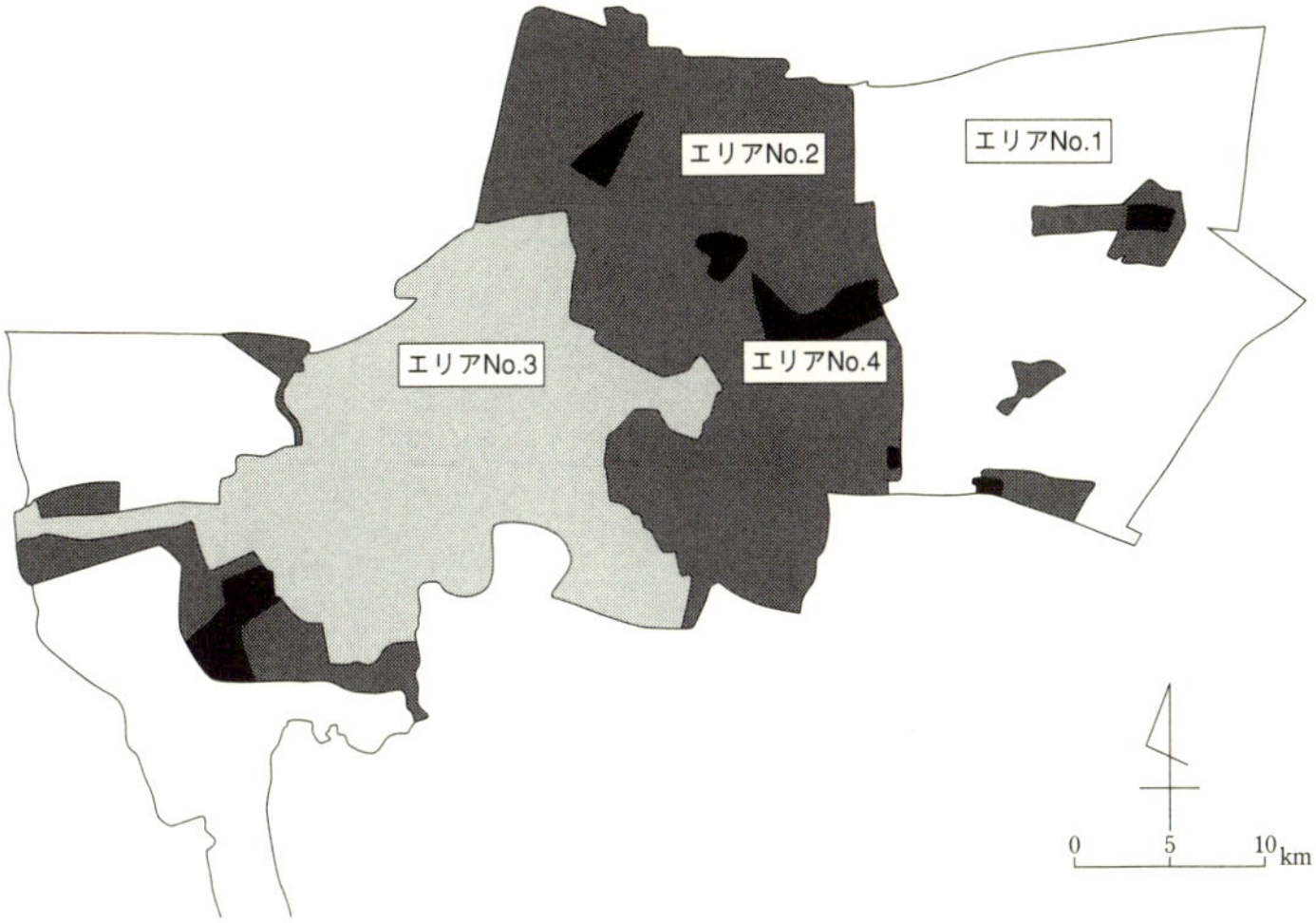

注）エリアNo.3が市街地に相当。
出所）サイアムジャスコ社資料。

表3－5　バンコクでの大型店規制の要点

エリア	直営売場可能面積	前面道路幅	交差点からの距離	道路からのセットバック	隣接地からのセットバック
第一ゾーン	基本的には出店は不可				
第二ゾーン	2000m^2未満	20 m	100 m	30 m	6 m
第三ゾーン	1000m^2未満	30 m	200 m	50 m	6 m
第四ゾーン	4000m^2未満	20 m	100 m	30 m	6 m

出所）サイアムジャスコ社資料。

の交通混雑を避ける意味で前面道路幅の下限が決められたり、交差点から一定の距離以上離して建てなければならないという規制や、道路からのセットバック規制、隣地からのセットバック規制など、非常に厳しい条件がつけられている。

この規制の結果、各社は一斉に規制対象外となった小型店の業態開発に力を入れはじめた。それにもっとも積極的に取り組んだのが先述のテスコである。テスコは小型の業態や店舗を次々と開発し、すでにバンコク市内で三業態八八店舗（二〇〇五年六月）もの小型店を出店している。

問題は、それらの立地である。小型店は規模が小さい分、多少地価の高い所にも出店できる。外資系小型店の立地を見ると多くが市街地立地となっており、結果的には周辺の個人商店の顧客をいっそう奪うという事態を招いている。タイでは、消費者のモビリティが小さいために、居住地の近隣に競争力のある外資系小型店が進出すると周辺の消費はそこに集中することになるからである。

その意味では、今回の規制は大型店の出店を止めはしたものの、小型化した外資が個人商店の商圏内で一気に増殖することを促し、かえってダメージを大きくしつつある。本当に個人商店を守ろうとするのなら、止めるべきはむしろ市街地での小型店の増大なのであろう。これは、ローカルな市場の脈絡を十分に理解しない規制のあり方が招いた悲劇だといえるかも知れない。

ガソリンスタンドの敷地内に立つテスコの小型店「テスコエキスプレス」（バンコク）

小型スーパーでは生鮮食品も少量ずつ品揃えされている（バンコク）

9 市場拡大のからくり

規制による大きな変化が見られるものの、近年のタイの消費市場自体は拡大傾向にある。しかし、最近の消費回復の背景には金利低下とクレジットカードの普及が大きく影響しており、手放しで喜べない面もある。

日系のイオン・クレジットは、タイで一三二万枚のカード発行枚数を誇るトップクラスのカード会社である。同社は、一九九二年の進出以来、現在までに七〇店の支店と三〇〇台近くのATMをもつまでに成長してきた。タイでの事業の中心は、クレジットと割賦（ハイヤーパーチェイス）である。割賦とは分割払いのことで、月収の五倍までの額内なら〇・八パーセントの金利で分割払いにしてもらえる。タイにおける近年の耐久消費財（携帯電話、家電、家具、バイク、IT機器など）の消費は、カード会社の割賦販売を前提としたものといって過言ではない。テスコやカルフールなどの大型店でも、家電や家具などの耐久消費財はカード会社と提携した割賦で販売している。カードはキャッシングにも使われているが、もともとは割賦に使われるものとして普及した。割賦販売は、いまやタイの消費市場を拡大する重要な仕組みとなっているのである。

ただし、カードの利用といっても、タイと日本とではその利用の仕方が異なっていることは興味深い。日本ではクレジットカードの支払い（返金）は銀行引き落としが常識であるが、タイで

図3－3　タイにおけるクレジットカード発行枚数及び残高

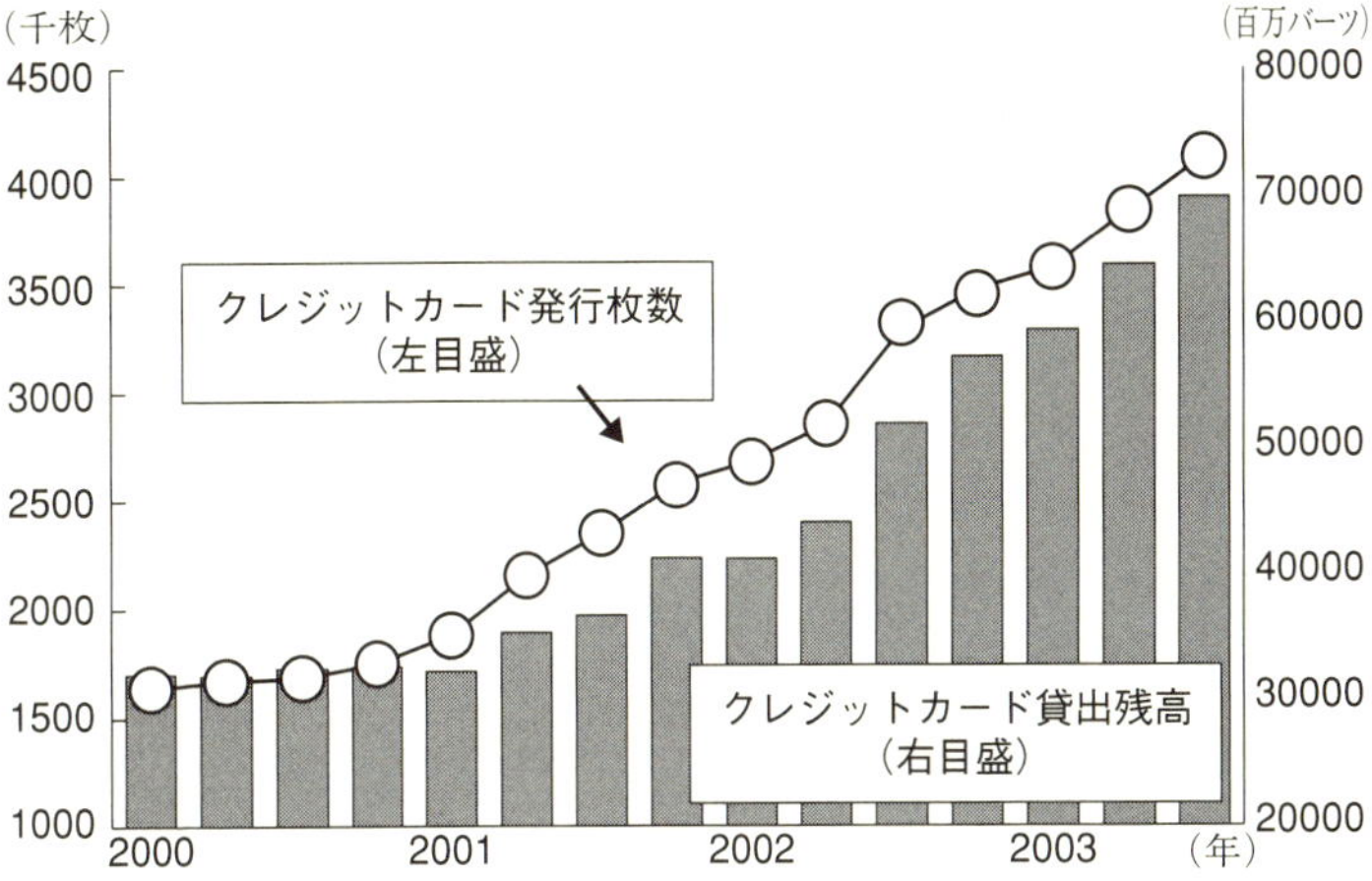

資料）タイ中央銀行
出所）弓削美奈（2004）「アジア各国・地域動向　タイ」
『みずほアジア経済情報』2004年4月。

いつも多くの人々で賑わうイオンクレジットの店舗（バンコク）

は支払い（返金）は現金でATMを介して行われる。イオン・クレジットの場合、現金での返金が九八パーセントを占めるとされる。その理由は、銀行に対する信頼の低さだとされる。スーパーのパック詰め商品への不信感と同じ感覚がここにも見られる。同じカード利用でも、利用の仕方や返金の仕方に市場の脈絡の一端を見ることができる。

ところで、タイでのカードの発行と利用は急増しており、過熱気味である。二〇〇四年のカード発行枚数は、前年比で三〇パーセント以上も増加した。カード利用額も、二〇〇四年の第四・四半期と前年同期では三一パーセントも増加している（タイ中央銀行）。さらに、近年ではキャッシングも急増している。家計債務も二〇〇五年春には収入の五五パーセントに相当するまでに増加している（国家統計局調査）。この状況を憂慮した政府は、二〇〇四年から規制を強化し、月収一万五〇〇〇バーツ（約四万円）未満の人にはカードが発行できなくなった。さらに、個人ローンの規制も検討されている。

ただ、このような規制は所得が不安定な低所得者の資金繰りを圧迫するため、そのような人たちが闇金融に走るというリスクもはらんでいる。ここにも、小売規制と同様、規制のあり方の難しさが垣間見られる。

第4章

マレーシアの消費市場

マレーシアでトップの地位を誇るスリア・ショッピングセンターには、伊勢丹が核テナントとして入る（クアラルンプール）

1 イスラムの「食の安全」

マレーシアのスーパーの食品売り場の片隅には、必ず「ノン・ハラール」と大きく書かれたコーナーがある。周囲の売り場とは壁で遮断され、レジも別になっている。なかをのぞくと、正面には豚の精肉やハム・ベーコンといった豚肉の加工食品を売る冷蔵カウンターがあり、周囲の棚には、アルコールや豚肉のエキスが入ったレトルトや缶詰などが並んでいる。これは豚肉や酒類を禁じているイスラム教の教義に基づいて、間違ってイスラム教徒がタブーとされる食品を買わないようにという配慮である。さらに、ノン・ハラール食品を販売する店員やレジ係は、イスラム教徒以外の華人系やインド系の従業員が担当するという徹底ぶりである。

スーパーの食品売り場の脇にある「ノン・ハラール」コーナーには、豚肉や豚肉加工品、アルコール類や豚肉エキスの入った加工食品などが隔離されて並ぶ（クアラルンプール郊外）

イスラム教では豚肉がタブーであることは有名であるが、それは豚の精肉だけではなく、ハム・ソーセージなどの豚肉の加工品やスープ・エキス類にまでも及ぶ。また、豚肉でなくても、イスラム教の正しい手続きを経ずにと殺された牛肉や鶏肉類などもタブーとなるので注意が必要である。日本人が来日中のイスラム教徒を招いた際に、豚は駄目だろうと牛肉の料理を出したところ、結局、食べてもらえなかったといった話を耳にする。要するに、イスラム教徒からすれば、牛でも鳥でも、コーランの祈りもなしに日本でと殺された動物の肉は、豚と同じくらい「不浄」な肉なのである。

また、イスラム教がアルコール類を禁じていることも知られたところだが、それは酒類だけではなく、アルコールが入った加工食品もその対象となる。たとえば、本みりんなどの調味料が入った日本製のレトルト食品も駄目である。日本の和風味のレトルトや缶詰にはほとんどのものに

（1）　従業員に対しては、イスラム教徒のお祈りの場（プレイ・ルーム）が必ず設けられ、勤務時間中でも従業員のお祈りを妨げることは許されない。そごうでは、安息日である金曜日の昼休み時間を他の曜日の二倍の長さにする配慮もなされている。ただし、小売業の経営にとっては、むしろラマダン（断食）のほうが影響が大きい。イスラム教では、ラマダンの月は夜明けから日没まで一切の飲食が禁じられるが（日没後は構わない）、ラマダンがはじまるとマレー人従業員が空腹で仕事に集中できない日が続くとされる（甚だしい場合は幻覚症状が出る人もいる）。マレー人は売り場担当が多い（日系小売業では九割以上）ため、接客態度などに問題が出る場合もあるとされる。

図４−１　ハラール食品の認証マーク

注）各国でいくつかのマークが使用されている。

調理用の日本酒類が入っているため、マレーシアではそのすべてがタブーの食品となってしまう。

さて、一般の売り場には、イスラム教徒が食べてもよい認証を得た肉や加工品だけが並んでいる。それらは、「ハラール（合法）食品」と呼ばれる。この場合の法とは、宗教法であるイスラム法である。ハラールの肉売り場は、ノン・ハラールの肉売り場と、調理場も包丁やまな板などの調理器具も完全に区別してある。また、加工食品には、イスラム開発局がイスラム教徒が食べても安全と認証した「ハラール・マーク」が付けられており、一目で安全性が確認できる。この国における「食の安全」とは、まずはこういうことを指している。

以前、日本に来ていたイスラム教徒の研究者がこんな話をしてくれた。日本滞在中に、日本人が親切にいろんなレストランに連れていってくれるのはありがたかったが、一番困ったのは中華料理店に招かれたときだった、と。中華料理店は、イスラム教徒にとってはもっとも危険なレストランであるという。それは、単に豚肉の料理が出てくるだけではない。中華料理は、まな板一つ、包丁一つ、中華鍋一つであらゆる料理をこなすので、豚肉を炒めた鍋やシャモジで野菜などを再度炒めたり、スープをつくったりすることになる。つまり、調理場全体が不浄であり、出てくる料理すべてが汚染されているのだという。だから、「今日は豚肉を抜いた海鮮コースだから大丈夫だよ」とすすめられても、結局は危なくって何も食べられないということになる。彼らの目には、豚を食べる日本人や中国人はどのように映っているのであろうか。

2　グリコの「ロッキー」？

写真は、日本でもよく知られるグリコの「ポッキー」ではなく「ロッキー」である。といっても、アジアでよく見かける怪しげな「そっくりさん」ではない。正真正銘、グリコがタイ工場で製造しマレーシアに輸出している商品である。

グリコは、一九八〇年代から主要商品のグローバル化（輸出販売）を進めてきた。その一環として、一九八六年にマレーシア市場で「ポッキー」を本格的に販売することを決断し、テレビなどでのコマーシャルも流した大々的なマーケティングをかけることにした。そこで、事前に大規模な市場調査を行ったのであるが、その結果は意外なものであった。つまり、「Pocky」という商品名の綴りや発音が「Pork」を連想させ、消費者に豚肉エキスの入ったお菓子であるかの誤解を与えかねないというものであった。

要するに、最初の「Po（ポ）」という部分が問題なのである。そこで日本本社で検討を重ねて、マレーシア市場については商品名を「Rocky」と「P」を「R」に変更したわけである。これなら英語としてのゴロもいいし、誤解もなくなる。イスラム教国ならではのグローバルモデルの「修正」であった。

ただし、イスラム教徒が多い国はすべて「ポッキー（Pocky）」を受け入れないかというと、そうでもない。イスラム教徒がマレーシアより多い九割を占めるインドネシアでは「ポッキー」のまま売られている。マレーシアのように大々的に販売することがなかったこともあり、特別な対策もとられずに輸出されてきたというのが実態である。とはいえ、その名称がとくに問題となったことはないとされる。理由は定かではないが、そこには両国の歴史的な経緯も絡んでいると考えられている。つまり、マレーシアは旧イギリス領であり、現在でも英語を第二公用語としている。それに対してインドネシアは旧オランダ領である、といったことである。この差が、英語の名称や音韻に対する消費者の反応に影響を与えているのかもしれない。市場の反応は想像以上に複雑である。

グリコがマレーシア市場向けに「ポッキー」から改名した「ロッキー」

3 多民族国家のジレンマ

マレーシアはイスラム教徒の国であるとはいえ、その割合は六割程度であり、イスラム教を信奉しない人も多い。イスラム教徒は、この土地の先住民であるマレー人がほとんどであるが、この国にはイギリス植民地時代にスズ鉱山や油ヤシ畑の労働者として流入してきた華人（中国人系住民）やインド人も住んでおり、この三つの主要民族があらゆる地域で混在する多民族国家となっている。その人口比率はおおよそ「6対3対1」であるが、経済的な地位（所得）から見れば、**表4－1**のように少数派の華人が抜きん出ており、華人の所得は多数派のマレー人の一・七倍以上もある（逆に、マレー人は華人の六割弱しかない）のが実態である。また、経年で見ても、マレー人の相対的な貧困は一向に改善されていない。華人による経済支配は植民地時代から続いてきており、とくに流通分野における華人系住民の力は絶大なものとなっている。一方、政治的な面からとらえると逆にマレー人が独占的な地位にあり、華人の政治力は小さい。(2)

このような民族間の格差は社会的な不満を生じさせるが、実際、マレーシアではマレー人と華

(2)　マレーシアの複雑な多民族性が経済発展のプロセスや政治過程にどのように関わってきたのかについては、朴一監訳（二〇〇三）『エスニシティと経済―マレーシアにおける国家・華人資本・多国籍企業―』（クレイン）を参照のこと。

表4－1　民族別の所得格差（月収）

（単位：リンギット）

	1984年	1990年	1995年	2002年
ブミ	616 (100)	940 (100)	1,604 (100)	2,376 (100)
華人	1,086 (176)	1,631 (174)	2,890 (180)	4,279 (180)
インド	791 (128)	1,209 (129)	2,140 (133)	3,044 (128)
全民族	792 (129)	1,167 (124)	2,020 (126)	3,011 (127)

注）（　）内は各年のブミ所得を100とした場合の指数。
出所）Mid-Term Review of the Fifth Malaysia Plan 1986-90, Seventh Malysia Plan 1996-2000,Eighth Malaysia Plan 2001-2005, Year Book of Statistics 2004.

人との対立が見られ、一九六五年の華人国家シンガポールの分離独立や、一九六九年五月の大規模な人種暴動などを経験した。それゆえ、マレー人政権は暴動後に華人・インド人への経済力の集中を是正し、マレー人の社会経済的な地位向上（マレー人の貧困解消）を行うことが国家の安定と発展に不可欠と考え、マレー人にサバ・サラワク州（Sarawak）の先住民を加えた「ブミプトラ（Bumiputera）」（以下、ブミ）という多数派人種カテゴリーを設けて、それに属する人々に多様な優遇措置を与えることにした。これが、有名な「ブミプトラ政策」である。

ところで、マレー人はイスラム教徒であることから、ブミプトラ政策はイスラム教徒の優先をも意味する。そもそも、この国は現在もスルタンを君主とするイスラム王国である。したがって、ブミおよびイスラム教徒が安心して暮らせる社会の実現が国家の目標になっているといえ、それがこの国の消費市場の脈絡を知る重要な鍵ともなっている。以下において、それらの特性が消費市場および小売業に与える影響について見ていきたい。

ブミプトラ政策は、一九七一年の新経済政策（NEP：New Economic Policy）に取り入れられて具体化され、農・工・商分野でのブミの優遇がはじまった。たとえば、企業の株式保有率においてブミ資本を三〇パーセント以上にすることや、企業の雇用割合を人口比率に応じてブミ四〇～五〇パーセント、華人三〇～四〇パーセント、インド人一〇パーセントとすることが定められたのである。そしてこれらは、一九九一年からはじまった国家開発政策（NDP：National Development Policy）にも継承されている。その結果、ブミの株式所有率は一九七〇年の二パーセントから一九九〇年には二〇パーセントに、製造業における雇用は同二一パーセントから同四四パーセントへ増大した。優遇措置はそれらにとどまらず、公営企業の優先的な払い下げ、ブミ企業への金融支援措置、国立大学への入学枠の設置（ブミ五五パーセント、華人三五パーセント、インド他一〇パーセント）、あるいは公務員の優先採用など社会の隅々にまで及んでいる。

しかし、ブミを優遇すればするほどブミの人々の「甘え」が目立ち、逆境に置かれた華人やインド人の競争力が強まることは否めない。かといって、ブミ優先を止めれば華人支配が一気に進むことも確かであろう。この国のジレンマは根深い。

4 モザイク市場と小売業

多民族性の問題点は、何より主要三民族がそれぞれ身体的、宗教的、経済的に大きく異なることであろう。まず、体格・体型や肌の色が異なるため、衣料品をはじめとする商品ニーズや嗜好が異なる。宗教もマレー人はイスラム教、華人は仏教、インド人はヒンズー教と三様で、それらは宗教的なタブーを含めて食生活・食習慣などに大きく影響を与えている。また、先述のごとく、華人を筆頭にかなり大きな格差があるために民族間の購買力が大きく異なる。しかし、それ以上に重要なことは、三民族がエリア的に住み分けをしていることである。

図4－2は、首都クアラルンプール（以下、クアラルンプール）における三民族の住み分けを示したものである。これを見ると、三民族は空間的に細かな民族モザイクを形成しつつ住み分けており、民族間の差異がそのままエリア間の市場特性の差異となることが分かろう。つまり、小売業にとってはどのエリアに店舗が立地しているかで顧客となる民族構成に異なりが生じ、それが品揃えや売り上げに影響を及ぼすこととなるのである。つまり、マレーシアにおいては、消費市場が「モザイク」を形成しているのである。このような市場を「モザイク市場」と呼びたい。

このモザイク市場は、単に静態的な住み分けを意味するにとどまらない。消費市場という観点からとらえると、それら三民族がどのような空間行動（買い物行動）をとるかが重要となる。と

図4－2　クアラルンプルにおける民族的な住み分け（1991年）

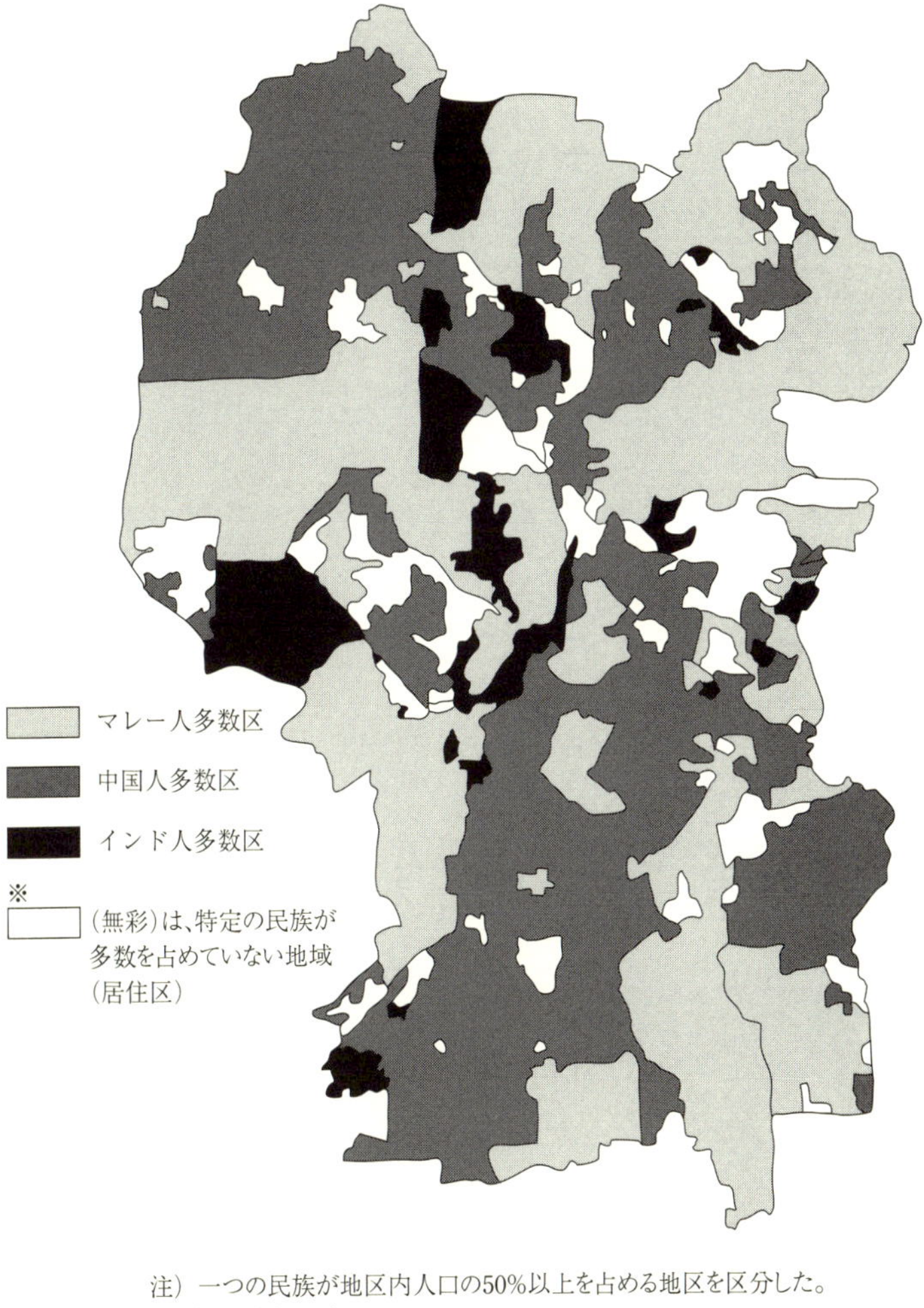

注）一つの民族が地区内人口の50%以上を占める地区を区分した。
出所）川端（2000）p178。

くに、マレーシアのように民族間の所得格差をともなった居住モザイクは、すなわち移動特性のモザイクにもなっているからである。たとえば（詳細なデータはないが）、華人の場合なら所得の高さに応じて二輪車や自動車の保有率も高いであろうし、公共交通機関の利用率も高いであろうから、移動距離（トリップ）もマレー人よりは伸びることになろう。よって、華人の富裕層の顧客を対象とする小売店舗はモザイクの制約を超えて比較的広域から顧客を集めることが可能となる。

それに対して、マレー人の移動距離は華人に対して短いと考えられるため、マレー人地区の小売店舗は店舗周辺に住む狭い地域でのマレー人顧客を対象とすることになり、モザイクの制約を強く受けることになる。この違いが、小売業の立地戦略に影響を及ぼすと考えられよう。つまり、このような市場の脈絡を読めない小売業は立地選定に失敗することとなるのである。立地に失敗した小売業の店舗は、消費財メーカーにとってのチャネルとしての力が低下し、市場参入の装置としては機能しない。ここにも、市場の脈絡と消費との複雑な関係が見られる。

5 ブミプトラ政策と外資小売業

経済活動の華人支配のなかでも、とりわけ華人占有率が高い産業分野が流通業である。一般にブミは、華人とは対照的に商売気がなく損得勘定にも疎い傾向が見られるとされる。それがゆえに、ブミ資本の小売業はほとんど育ってこなかったばかりか、ブミの人々の間には「われわれは長らく華人商人に搾取されてきたのではないか」、「彼らは不当な利益を得ているのではないか」といった被害意識や不信感が強く見られる。これは、イスラム的な公平観に基づくものともいえよう。そしてそれは、米、油、砂糖、魚、野菜などの基本食品一一品の小売価格が価格統制される、公定価格で売られていることにも現れている。価格統制の結果、スーパーなどでは仕入れ価格が公定価格を上回ることもあり、日本でなら二〇パーセント弱はある生鮮三品の粗利益率を一桁程度の低いものにとどめている。

一方、政府は長年にわたってブミプトラ政策の理念にのっとり、ブミの小売資本を育成することに取り組んできた。その一つの方策として考えられたのが、華人商人より競争力のある外資小売業との合弁（技術導入）によるブミ小売業の育成であった。つまり、外資小売業への流通市場開放は、いわばブミの地位向上のために認められたともいえるのである。

この国に進出する外資小売業は、法的にはブミ資本が三〇パーセント以上なければならないが、現実には柔軟に運用されており、一九九七年の通貨危機後は、ブミ側企業の資金不足から香港系ハイパーのジャイアントのように外資が九〇パーセントを所有するケースも許されている。

日系小売業の状況を見ると、マハティール前首相からの要請で一九八四年に進出したイオン（現地名ジャヤ・ジャスコ）の場合は、政府から合弁相手としてマレー人弁護士（現会長）を紹介されている（上場後の現在も大株主）。一九九〇年に開業した伊勢丹も、合弁相手はマレー人の有力一族メリカンファミリーの三兄弟であった。より政治的色合いの強い事例は、そごう（一九九四年進出、二〇〇一年合弁先に営業譲渡・商標貸与）の出店である。そごうは政府系の不動産開発会社であるプルナス社と合弁を組み、クアラルンプールのマレー人居住区に政府の肝煎りで建設された総面積五万八五〇〇平方メートルの大型店を占有し、周辺のマレー人地区の発展に威力を発揮した。

プルナス社はブミプトラ政策を具体化する目的で設立された企業の一つであり、その意味でそごうクアラルンプール店はマレー人の生活水準向上の象徴的存在となっている。なお、一九八七年に進出したヤオハン（一九九七年に合弁先企業に営業譲渡）の一号店も、華人系企業と

マレー人居住地区に立つ「KL そごう」（クアラルンプール）

の合弁であるにもかかわらず、マレー系最大与党「ＵＭＮＯ」（統一マレー国民組織）の本部ビルを中心とした開発地区にあるショッピングセンターに出された。これも、先進的な店舗をマレー人地区に出店させるという政治的な誘導であったと考えられる。

6　根強い伝統的なチャネル

このような経緯もあり、一九八〇年代以降はブミと合弁した外資小売業が参入し、**表4－2**に示すごとく、現在は外資が主要小売業の大勢を占めており、業態的にはハイパーの台頭がめざましい。近年は、外資のみならず既存のＧＭＳやＳＭからハイパー業態にシフトするケースも出てきている。とくに、二〇〇二年五月にイギリスのテスコが新たに進出したころからハイパー間の競争が激しくなりつつある。

しかし、一九九三年に進出して初のハイパー店を出したカルフールは、進出後一〇年を経た現在でも七店舗と伸び悩んでおり、二〇〇五年に九店舗に達したテスコもまだ大きな利益を獲得するに至っていない。ハイパーは全国的に見ても総数で五〇店程度であり、主要四社だけですでに一四〇店舗を超えているタイとは大きな差が見られる。二〇〇二年時点でのハイパーのシェアは、加工食品や日用雑貨部門の消費の一二パーセント程度にしかすぎず、決して高いとはいえな

表4－2　マレーシアの主要小売業

店舗名称	主業態	母　国	店舗数	備　　　考
伊勢丹	D	日本	2	
そごう	D	マレーシア	1	2001年合弁先に譲渡、商標貸与に
パークソン	D,GMS	マレーシア	14	大型店は「グランド」、小型店は「リア」
メトロ	D	シンガポール	4	
イオン	GMS	日本	11	10ヵ所のSCを運営
パークソン・アクティフ	GMS	マレーシア	5	パークソンがアクティフ・ライフスタイル(旧ヤオハン)を買収
パサラヤ・オーシャン	SM, GMS	マレーシア	17	
ファジャ	SM,GMS	マレーシア	16	
ザ・ストア	SM,GMS	マレーシア	38	
ビリオン	SM	マレーシア	22	
ジャイアント(コールド・ストレージ)	SM	香港	39	香港デイリーファーム社が地元ジャイアントのSM（1999年）と蘭アホールド系トップスを買収（2003年）
ジャイアント	HM	香港	16	2000年香港デイリーファーム社が地元資本を買収
カルフール	HM	フランス	8	1993年進出、2001年増資で累損一掃
テスコ	HM	イギリス	9	2002年進出
エクストラ	HM	マレーシア	6	パークソンのHM業態
マクロ	C&C	オランダ	8	1993年進出
イケヤ	SS	スウェーデン	1	家具

注1）D：百貨店、GMS：総合スーパー、HM：ハイパー、C&C：キャッシュ＆キャリー、SM：食品スーパー、SS：専門店
　2）店舗数は、2004年の数値を一部更新。
出所）企業登録局資料、各社HPなどにより作成。

い。また、販売が急伸しているのは液体石けんや朝食用シリアル、チリ（辛味）系食品といった中小小売業が扱わない商品とされる（ＡＣニールセン社調べ）。

グローバル外資が伸び悩んでいるのは、マレーシアの伝統的な小売業の存在がいまなお大きいからである。とくに、生鮮食品や日用品については「パサール」と呼ばれる市場が需要を賄ってきた。現在でもクアラルンプール市内だけで大小一〇〇ヵ所近くの市場《いちば》があり、生鮮食品流通の八割を支配するとされており、価格や鮮度の点で近代的なスーパーの強力な競争相手となっている。

また、マレーシアの個人商店は、通常は「ショップ・ロット」と呼ばれる独特の建物に入居しているものが多い。これは、マレー半島の伝統的な商業建築様式である「ショップ・ハウ

新鮮な生鮮食品が所狭しと並ぶ「パサール」（クアラルンプール）

ス」の現代版ともいえる建築物で、民間の不動産業者が三・四階建ての長屋風の建物を一〇～二〇に縦方向に仕切って分譲・賃貸するものである。一階が商店、二階以上が事務所や住居として利用されている。

このショップ・ロットは、通常は幹線道路沿いや住宅地の入り口付近に数棟から多い場合は二〇棟程度も建てられるため、数十から一〇〇近くの商業集積（商店街）が市街地や郊外の住宅地に多数散在することとなる。入居するのは個人経営の商店が多いが、マクドナルドのようなチェーン店も入っている。しかし、現実には小売店や飲食店だけではなく事務所や事業所（自動車修理工場など）も入るため、かなり雑然とした景観を創出している。ただ、車でのアクセスもよく住宅地にも近いショップロッ

1階が店舗スペースで、2・3階が事務所や住居として利用される「ショップ・ロット」は、いわばマレーシア独特の商店街である（クアラルンプール郊外）

トは、日本でいうところの「商店街」的存在として重要な役割を果たしているのである。

さらに、マレーシアには「ホーカーズ（Hawkers）」と呼ばれる行商・露天商が多く見られる。首都クアラルンプールの場合、免許を有するホーカーズだけで三万六〇〇〇軒以上、無免許も六〇〇〇軒以上はあるとされる。以前は華人が圧倒的であったが、近年はブミも三〇パーセント以上を占めている。このうちの半数はパサールに出店する市場商人であるが、残りの半数は屋台商人である。

屋台商人は飲食店を営む者も多く、各種の食べ物をパサール周辺やショップ・ロット周辺などの人々が集まる所で安く提供している。屋台は「ホーカーズ・センター（屋根付き屋台街）」に集められ管理されているものも多いが、空き地や道ばたでも見られ、そこでの飲食は家庭での調理よりも安いことから家族で外食をする習慣が広く定着しており、それが食品スーパーの発展を阻害しているとされる。

7 ハイパーの出店を凍結せよ

とはいえ、いわゆる個人経営の商店は、一九九二年に四万六五四四軒あったものが二〇〇一年には二万八六五九軒となり、三七パーセントも減少している（ACニールセン社調べ）。この減少要因のすべてを、グローバル小売業に求めるのは無理があろう。前述のように、それほどまでにはグローバル外資の市場占有は進んでいないからである。そこには、もっと大きな消費スタイルの変化がある。つまり、一九九七年のバブル崩壊後の低価格志向の強まりやワンストップショッピングへの指向などが底流にあると見てよい。要するに、市場の脈絡の変化ともいえよう。ただ、現象面でとらえるなら、確かに消費の流れはハイパーをはじめとする近代的な小売店に向きつつあるといえる。

このようななかで浮上してきたのがハイパーの規制問題である。先述のように、そもそもマレーシアの小売市場開放は外資と合弁を組むことによりブミ資本の小売業を育てること（小売業の華人支配から脱すること）に主眼が置かれているため、外資自体が急激に成長することに対して政府は慎重な姿勢をとってきた。資本力のある外資が成長しすぎると、肝心のブミ資本の中小小売業の成長の芽を摘むことになるからである。また、隣国タイにおける急激な外資系ハイパーの増大も、政府に危機感をもたせる要因ともなってきた。

このようなことから、国内取引・消費者行政省は一九九六年に外資小売業に対するガイドラインを発表した。しかし、その内容は外資の出資比率や最低資本金、外国人スタッフの人数と任期に関する制限あるいは国内での資本調達額の規制などであり、出店にかかわる規制は含まれていなかった。ところが、二〇〇二年五月になって、突如、中小小売業の保護を目的とするハイパーの出店規制に関するガイドラインが政府により決定された。この間、政府は外資小売業の規制法を模索したようであるが、結局、外資か地元資本かの別を問わず、ハイパー業態という今後もっとも大きな影響を与えるであろう「業態」そのものを規制することになった。

ガイドラインでは、ハイパー企業は五〇〇〇万リンギ（約一四億円）以上の資本金を有するものとした。認可は人口三五万人以上につき一店程度とされ、住宅地やタウンセンターから半径三・五キロメートル以内には出店できないことや、ショッピング・センター（以下ショッピングセンター）のアンカーテナントではなく単独での出店とすることが示された。また、申請の認可が下りる二年前までに、出店にともなう周辺商業への影響調査報告書を提出することも義務づけた。しかし、出店認可権は地方政府が有したため、実際にはガイドラインはほとんど無視された。

この出店規制が強化されるのは二〇〇三年一〇月からであった。国内取引・消費者行政省は、ハイパーの出店認可を国内資本のものも含めて一時的に凍結することを宣言したのである。出店凍結は二〇〇四年一月一日から五年間で、クランバレー（Kuran Valley）（クアラルンプールとその衛星都市）、ジョホーバル（Johor Bahru）、ペナン（Penang）の三地域が対象とされた。また、ハイパー以外の小売業にも影響調査報告に基づく出店申請を要求した。さらに、出店の認可権が地方政府から中央政府に移され、規制が厳格に運用されることとなった。ただし、二〇〇三年中に申請に着手した案件は凍結対象から除外されたことから駆け込み申請も相次いだ。凍結前に五店舗しかなかったテスコも、一二店舗分の認可を事前に受けていたとされる。

しかし問題は、ハイパーという業態の定義、つまりどのような店舗が規制対象となるのかである。実は、これは二〇〇五年現在になってからも明らかにされていない。二〇〇二年のガイドラインでは、ハイパーは規模が八〇〇〇平方メートル以上のものとされているため、これが唯一の実質的な定義となっている。しかし、カルフールが二〇〇三年七月に開いた店舗が七〇〇〇平方メートルであったことから、国内取引・消費者行政省の大臣が「ハイパーがスーパーのような規模の店舗を出して欺こうとするケースもあるが、ハイパー企業が開いた店舗は規模によらずハイパーである」といった発言をするなど、政府とハイパー側との駆け引きが現在も続いている。

そんななか、二〇〇四年の年末になって、消費者取引行政省がさらなる規制強化を発表した。すなわち、ハイパー企業が小型店の出店に注力しようとしていることを見越して、売場面積が三七～一八六平方メートルの小型店の出店を禁止したのである。おそらく、これほど小型の店舗を禁止した規制は世界でもマレーシアだけであろう。さらに、一八六～四一八平方メートルの中規模店には、大型ハイパーと同様の出店基準（前述二〇〇二年のガイドライン）を満たすことも求めた。タイで外資系小型店が個人商店に大きな影響を与えつつある現状からすれば、賢明な規制といえるかもしれない。しかし、見方を変えると、それは商業に対するマレー人のとらえ方（不信感）をよく表したものともいえよう。このことは、「規制」（政策）もローカルな（市場の）脈絡のなかで理解すべきことを示唆する例として興味深い。

8 独自のポジションを確保したイオン

ところで、この凍結措置の対象外となった大手企業がある。それが、日本のイオン（ジャヤ・ジャスコ社）である。イオンは、先述したように一九八四年に進出して一九九六年に現地市場に上場し、現在は一一店舗にまで成長している。イオンは業態的には百貨店に近い総合スーパー（GMS）を貫いてきたため、政府もハイパーとは見なしておらず規制対象から外している。近年は競合するジャイアントやテスコがイオンの店舗の隣接地に出店するケースも少なくないが、結果を見るとイオンの店舗はむしろ売り上げが増大しており、顧客がハイパーとは区別して業態を使い分けていることが明らかとなってきている。つまり、イオンは中間層の中・上層部分（世帯月収で八万円強〜三〇万円程度）の消費を吸収し、必需品の需要を中心に吸収するハイパーとは一線を画すポジションを確保したといえる。

マレーシアのイオンの特徴は、自らが核テナントとなるショッピングセンターの運営事業で利益を得ていることである。マレーシアでは地元ディベロッパーのショッピングセンター運営能力が低いため、核テナントとして入居する日本的な方式だと開業後にテナントスペースがショッピングセンターのコンセプトに合わない小売業者などに転売されるケースも生じ、ショッピングセンターの品質・レベルが低下し、イオンの集客にも影響が出ることがある。そこで、自らがショ

表4－3　イオンが運営するマレーシアのショッピングセンター(SC)

SC 名	開業年月	SC 面積（㎡）	直営面積（㎡）	テナント数	備　考
タマンマルリ	1989.10	26,630	21,423	45	2000年に増床し、SC 化
マラッカ	1990.10	28,709	20,204	60	1998年に増床し、SC 化
アルファアングル	1992. 4	28,335	16,783	110	イオン初の SC
ワンウタマ	1995. 9	60,406	23,538	205	KL 郊外
ブキットラジャ	1995.10	33,450	16,532	110	クラン地区
キンタシティ	1994. 7	42,527	21,751	120	ペラ州イポー
タマンユニバーシティ	2002. 7	22,104	12,145	60	ジョホール・バル
ペルマスジャヤ	2004. 1	20,436	16,489	50	ジョホール・バル
メトロプリマ	2004. 2	34,349	22,314	70	KL 郊外
スレンバン2	2005. 9	40,000	17,000	不明	郊外型

注）直営面積とはイオンの店舗部分。この他にテナント形式の出店が二店舗存在。
出所）ジャヤ・ジャスコ社資料を元に作成。

郊外のショッピングセンター開発で成長を続けるマレーシアのイオン
（メトロプリマ店）

ッピングセンターを建設し、テナント集めから管理・運営までを行うことでショッピングセンター全体の品質を維持し、核テナントである自店との相乗効果を狙うこととなったのである。

一九九二年のワンサマジュ店（Wangsa Maju）がその最初であった。その後の出店は、通貨危機の影響で多額の為替差損を抱えていた時期にテナント出店されたミッドバレー店（Mid Valley）とバンダープチョン店（Bandar Puchong）を除いて、自らが用地を確保して自前で建物を建設するショッピングセンターに出店する方式がとられた。投資額は大型のもので六〇〜七〇億円規模とされる。現在では初期に出した二店舗も増床してショッピングセンター化を図り、**表4－3**に示すように一〇ヵ所のショッピングセンターを運営するマレーシア国内最大のショッピングセンター・ディベロッパーとなっている。この結果、イオンの営業利益の三三パーセントを、ショッピングセンター運営の利益（テナント賃料収益など）が占めるようになっている(3)。

このようなショッピングセンター運営は、今後は中国大陸（広東省）でも行われる予定である。収益性も高く、また核テナントである自店の集客力も強化しやすいことから、小売グローバル化の有力な手法になることと思われる。

(3)　マレーシアイオンを例に、海外でのショッピングセンター経営によるテナント賃料が小売国際化に与える影響を分析したものとしては、拙著（二〇〇五）「小売国際化のダイナミズムに与える店舗不動産の影響」（『経済地理学年報』五一巻一号）がある。

世界第２位の高さを誇るペトロナス・ツインタワーと伊勢丹が入るスリア・ショッピングセンター（クアラルンプール）

9 巨大ショッピングセンター開発が続く首都圏

そもそもマレーシアでショッピングセンターが賑わうのは、高温多湿の熱帯の国であり雨期の影響も受けるために、屋外でのウインド・ショッピングには適さないことが原因である（第2章参照）。ショッピングセンターは、いわば冷房の利いた屋内ショッピング・ストリートといえる。

マレーシアでは、一九七三年に早くも最初のショッピングセンターが開業している。その後、一九八〇年代に入ると都心部や郊外での開発が盛んとなり、一九九〇年代前半から中盤にかけてのバブル期にピークを迎えた。一九九七年のバブル崩壊後はさすがに開発計画も一段落したが、一九九八年までに八〇以上ものショッピングセンターがクアラルンプールとその周辺に完成している。(4)

なかでも、一九九八年五月に開業したKLCC地区の「スリア・ショッピングセンター」は政府系ディベロッパーが開発した物件で、マレーシアの象徴でもある高層ビルのペトロナス・ツイ

（4）拙著（一九九九）『アジア市場幻想論』（新評論）第三章参照。なお、クアラルンプール都市圏の流通再編については、生田真人（二〇〇一）『マレーシアの都市開発』（古今書院）を参照のこと。

ンタワー（四五二メートル、高さ世界二位）の基層部に位置している。伊勢丹百貨店（一万八〇〇〇平方メートル）を核テナントとして、紀伊國屋書店やベスト電器などの日系大型専門店も含めた多くのテナントが入居している。このスリア・ショッピングセンターの集客力は群を抜いており、開業以来、クアラルンプールの都心の消費者の流れを確実に変えつつある。それまでの都心繁華街はブキ・ビンタン（Bukit Bintang）地区であったが、そこの高級ショッピングセンターである「スターヒル・ショッピングセンター」にも空き店舗が目立つようになった。また、同ショッピングセンターの核テナントであったシンガポールのタン百貨店も二〇〇四年二月に閉店に追い込まれている。同地区の有力ショッピングセンター「LOT10」に出店している伊勢丹（一九九〇年出店、一万一五〇〇平方メートル）の場合も、面積的には二倍に満たないスリア店のほうが二・五倍以上の売り上げを計上する状態で、近年は小規模店四店舗と空港内店舗を順次閉店し、社内資源をスリア店に集中してきている。

一方、二〇〇三年九月には繁華街ブキ・ビンタン地区から数百メートル南に離れた場所に、イギリスの百貨店デベナムズをアンカーテナントとする「タイムズ・スクエア」というさらに巨大な華人資本のショッピングセンターが開業した。しかし、立地がブキ・ビンタン地区に近いことから、そこに既存店を構える有力テナントが出店しなかったり、予定していたシネコンが未開業であることがたたって入居率は低迷したまま閑散とした状態が続いている。

スリア・ショッピングセンターはマレー人専用の開発用地（マレーリザーブ）[5]にできた政府の

肝煎り物件であり、地下にLRTの駅が入っているうえにバス路線も集中している。一方、華人資本の手によるタイムズ・スクエアは、モノレール駅には直結するもののバス路線からは見放されている。このあたりにも、市場の脈絡が見え隠れしているといえよう。

（5）マレーリザーブとは、大都市の都心部に多数見られるブミ資本にしか開発できない土地（留保地）のことで、外資や華人資本による都心開発を回避する目的から設けられたものである。KLCC地区をはじめとする近年のクアラルンプールでの大型開発は、このマレーリザーブを舞台としたものが多い。

第5章 シンガポールの流通市場

アジアの金融中心となったシンガポールの都心部

1 東南アジアのなかの「中国」

八月も下旬に入ると、シンガポールの街は「月餅」の売り出しで彩られる。中秋の名月に向け、百貨店はもちろんホテル、レストラン、ベカーリーショップなどが、一斉に工夫を凝らしたオリジナル月餅を売り出すからである。なかには、アイス月餅なども見られる。この街が、中国人（華人）のものであることを改めて意識する一コマである。

マレー半島の先端に位置する淡路島（もしくは東京二三区）ほどの小さな島国シンガポールは、一八一九年にイギリス領となって以降、多くの中国人が港湾労働者として移民させられてきた土地である。イギリスのアジア進出の拠点として、そして貿易港として発展してきた歴史をもち、一九六五年の独立後は自由貿易港として名を馳せた。

しかし、独立後のシンガポールは、水道水すら隣国のマレーシアに依存せざるを得ない無資源小国ゆえに、徹底した「管理（規制）」と将来を見通した「戦略的政策」で成長の道を切り開いてきたという歴史をもつ。すなわち、大胆な規制緩和政策によって一九七〇年代末にアジアの金融センターとしての地位を確立すると、一九八〇年代からはアジアの観光拠点としての集客事業に注力しはじめた。街路樹や植え込みの花の種類まで管理・演出された都市景観、都市計画と一体化した商業施設や巨大空港の建設や国を挙げてのバーゲンセールなどは、国家の存亡をかけたプロジェクトでもある。近年では、バイオ産業を二一世紀の基幹産業と位置づけ、その振興に惜しみない資金を投入していることも、常に一歩先を見るシンガポールらしい戦略といえよう。

この「管理（規制）」と「戦略的政策」こそがこの国の市場の脈絡をとらえるキーワードといえようが、それこそがほかの東南アジア諸国と異なる「中国人国家」らしさの核心なのであろう。ただし、シンガポールの消費市場をとらえる場合は、その市場が国内消費向けと国際集客向けとの二つの側面を有していることに留意すべきであろう。そして、それぞれを支える脈絡が国家の戦略的政策と表裏一体を成しているのである。以下、順に見ていきたい。

2　所得が高い国は容易《たやす》い市場か

この国の国内消費市場を考える場合には、①先進国並みの所得の高さ、②都市型のライフスタイル、③英国支配の名残りの強さ（英語の国）、④人口規模の小ささ、⑤多民族・多言語性、⑥独特の小売競争構造、といった点が注目されるべきであろう。市場参入者にとっては、①、②、③はプラスの要素、④、⑤、⑥はマイナスの要素といえる。

具体的には、一人当たり所得は名目値でこそ日本の七割弱ではあるが、実質的な購買力平価で見ると日本の九割程度に達しており、欧州の先進国並みの豊かな国となっている。また、徹底した都市計画によって、国民の大部分が郊外に開発されたニュータウンに住む。人々は、ＨＤＢ(Housing and Development Board)という住宅開発公社が建設した「ＨＤＢフラット」と呼ばれる国営のマンションに暮らし、都心のオフィスに通勤する都市型のライフスタイルをとっている。国営マンションとはいえ「億ション」クラスのエグゼクティブ向け住宅もあり、多様な需要にこたえている。

旧イギリス領という歴史的経緯から、公用語の英語をはじめとして法律、行政、教育、都市計画など、多くのシステムがイギリス流である。オーストラリア、ニュージランドといった周辺の英連邦諸国との関係も強く、英語をベースとした国際的な感覚も高い。しかし、これは建国当時の若きリー・クアン・ユー前首相の政策の成果でもある。とくに、公用語を英語とし

ニュータウンに林立する HDB 住宅群

たことは、決して自然の成り行きではなく国造りの基本戦略以外の何ものでもない。ただし、同じイギリス連邦国でも隣国マレーシアとの関係は微妙である。一九六三年に一旦はマレーシア連邦に加盟したが、マレーシアで起きたマレー人による華人への弾圧（暴動により多数の華人が虐殺された）を目の当たりにし、わずか二年後に離脱して独立せざるを得なかったという歴史的な経緯がある。

以上のように、この国の国内消費市場はレベルが高いものの、一方でいくつかの課題も有している。

一つ目は、総人口が三五〇万人（海外居住者を入れれば四二五万人）と小さいことであろう。かつてリー・クアン・ユー前首相が、高学歴の女性には多産を奨励し、低学歴の女性には避妊を奨励する内容の発言をしたことで物議をかもしたこともあるが、この国にとって人口政策は国家存亡にかかわる問題と位置づけられている。この国は、現時点では平均年齢三五歳とパワーのある国だが、先進国同様に晩婚化と少子化が進んでおり、競争力の源泉である人材をいかに育て、国勢をいかに維持するのかが課題となっている。要するに、前首相の問題発言の背景もそこにあった。政府は今後一〇年間で二〇〇万人の人口増加計画を打ち出しており、第二子、第三子への助成金も増額しつつある。とはいえ、それが国内市場に波及するにはまだまだ時間を要するであろう。

二つ目は、民族的には中国系住民（華人）が七七パーセントを占める華人国であるが、同時に一四パーセントのマレー人、七パーセントのインド人などとの多民族国家でもあることが挙げられよう。ただ、建国以来、民族間の融和政策が進められてきたため、マレーシアやインドネシアのような民族間の対立は存在しない。とはいえ、使用言語は複雑で、英語が標準語ではあるが中国語（マンダリン＝標準語）、中国語方言（福建語、広東語、潮州語）、マレー語、タミル語が錯綜している。若い世代には英語をベースとするバイリンガルやトリリンガルが増えたが、中国語を話せない中国系の若者も増えており、政府は中国語（マンダリン）を使うキャンペーンを行っている。

他方、年配層を中心に中国系住民の三割が英語を話せないという現状もある。宗教的にも、仏教（三〇パーセント）、道教（二〇パーセント）、イスラム教（一五パーセント）、キリスト教（一三パーセント）、ヒンズー教（三パーセント）が混在している。マレー系住民のイスラム教徒たちは豚肉をはじめとした食べ物に対するタブーがあるため、最近ではイスラム教徒にとって安全な食べ物である「ハラール」食品を扱うスーパーマーケットも出はじめている。

さらに、のちに述べるごとく、「ＮＴＵＣフェアプライス」という生協スーパーの支配力が大きい独特な小売り競争構造も見られることもあり、国内消費市場への外資の参入は所得の高さや近代的なライフスタイルからうかがえるほど容易ではない。

3 「常夏」が意味するもの

赤道直下のシンガポールの消費市場では、常夏特有の消費特性が見られる。それは、気候環境と小売市場との間の興味深い関係を提示してくれている。

まず、常夏のこの国では季節の変化が存在しないため、衣料品についていうなら年間を通して夏物が中心となり、冬物衣料やビジネス・スーツの市場は非常に小さい。このことは衣料品の売り上げを低下させるため、百貨店には厳しい市場である。しかし、アジアのなかでもホワイトカラーの率が高い国であることから、ビジネス系のワイシャツなどは売れている。ただ、暑い国だからといって単純に半袖のワイシャツとはならない。オフィスのクーラーを非常に利かせるために長袖でないと寒く、外を歩くにしても強い日差しを避ける点からも長袖が好まれるのである。

また、ワンシーズン性は、季節の変わり目のバーゲンセールを成立させない。いうまでもなく、商品は夏物中心であるため、季節商品の在庫を一掃させる必要がないからである。したがって、バーゲンは季節の変化とは関係なく行われ、バーゲンが終了すると価格はまた元の値段に戻ることになる。

しかし、常夏の国とはいえ、百貨店やブランド店にはコートや手袋なども置かれている。それは、欧米や日本からの観光客向けということもあるが、子どもを欧米やオーストラリアに留学させている親が子どもに会いに行くときに買うものであり、海外の寒い地域に旅行するためのものである。この点には、シンガポールの豊かさの一面が見られる。

百貨店関係者によると、シンガポールでは気温が高いこともあり、高所得層でも日常の服はカジュアルであまりお金をかけない傾向が強いとされる。このため、高級な衣料品や鞄などの売れ行きは悪い。その代わり、化粧品やアクセサリー、靴・サンダルなどでファッションの変化を演出する傾向が見られ、それらの売れ行きが非常によい。また、女性は肌を露出する機会や生地の薄い素材の服を着ることが多いために下着にも気配りがなされることから、比較的高級なものの売り上げが大きく、化粧品が婦人服と同じくらいの売上構成比を占める傾向にある。これらは、東南アジア市場で広く見られる特徴でもある。

さらに、この市場には熱帯特有の雨季（一一～二月）もある。雨の多さは傘や雨具の売り上げに貢献するような気もするが、現実にはほとんど売れない。日本人と違って基本的に傘をささない人が多いうえ（濡れてもすぐ乾く）、シンガポールではMRT（Mass Rapid Transit、都心部は地下鉄、郊外は高架鉄道）やバスもよく発達しているし、タクシーが安いことも影響しているようである。また、スコールなら一時間も経てば止んでしまうので、雨宿りをしてやり過ごす人も多い。婦人靴部門ではサンダルがよく売れるが、それも雨の多さが関係しているようである。

このように、常夏がこの国の消費の脈絡に与える影響は小さくはない。

4 モータリゼーションはなぜ進まないのか

この国が、戦略的な政策を打ち出している国であることはすでに述べたが、なかでも、消費市場に影響を与える政策としては交通政策と住宅政策が挙げられよう。そこで、まずは交通政策を見てみたい。

一般に、所得との相関関係が強い商品の一つに自動車が挙げられよう。もちろん、第2章で述べたように、そこにはローンという中間項を入れて考える必要もあろうが、かなりおおざっぱにとらえるなら所得との相関性が比較的明瞭に出てくる商品といえる。自動車は消費者の移動距離を飛躍的に高めるため、消費市場に与える影響はきわめて大きなものとなる。モータリゼーションの進展が、都心の商業を衰退させて郊外のショッピングセンターを増大させる構図は我が国でも全国で観察されている。

しかし、この国は例外である。その理由は、狭い国土が自家用車で溢れて機能マヒが起こらないようにするために、政策的に自家用車を「所有」と「使用」の二つの側面から厳しく規制してきたからである。しかも、この規制は、シンガポールの所得が上昇しはじめた一九七〇年代から先手を打って着手されており、ここにも政府の戦略性がうかがえる。

まず、「所有」に際しては、シンガポールの居住者は自家用車購入権（Certificate of Entitlement）

を入札によって入手しなくてはならない。これは一九九〇年五月からはじまった総量規制のことで、国内の道路整備状況や廃車数をにらみながら政府がその年の登録車両数を決め、その枠を毎月二回入札で購入希望者が競り落とすかたちをとっている。ちなみに、二〇〇五年七月の第一回目の落札価格は、一六〇〇CC以下のクラスで一〇六万円余りであり、その高さに驚くが、それ以上に一年前の同月では同じクラスの購入権が何と一八三万円余りもしていたことから、購入するタイミングによって同じ商品に大きな価格差が出てしまう市場であることに驚かされる。もちろん、車自体も高い。すべてが輸入車であるために、二〇パーセントの関税、五パーセントの物品税、一一〇パーセントの追加車両登録料などが課せられる。それらに購入権と合わせると、たとえば市場価格が一五〇万円の一六〇〇CCクラスの車を買うには約四六〇万円の支払いを余儀なくされるのである。

次に「使用」に際しては、都心部への乗り入れを規制するために、一九七五年から都心の入り口に料金徴収システム（ロードプライシング制度）を導入している。エリアごとの規制であり、料金は時間帯ごとに変わる。また、とくに混雑する道路には道路ごとにも料金が課せられる。料金はピーク時で二〇〇円程度であるが、これにより都心の自家用車は四分の一に激減したとされる。

これらの結果、**表5－1**のごとく、この国の一人当たりGDPは東南アジア諸国のなかでも突出して高いにもかかわらず、一〇〇〇人当たりの自動車所有台数はGDPが五分一のマレーシア

表５－１　東南アジア諸国の自動車保有率（2002年）

	一人当たりGDP	自動車総数（台）	千人当たり保有台数（台）
シンガポール	20,806	398,166	95.7
マレーシア	3,959	4,439,265	181.0
タイ	2,033	5,346,676	84.3
フィリピン	992	688,402	8.4
インドネシア	796	3,245,000	15.4
ベトナム	437	122,307	1.5
参考：日本	31,161	54,539,839	428.0

注）GDPは名目値、単位は米ドル。
出所）ASEAN日本センター資料ほか。

の半分程度に抑えられている。その代わり、この国では公共交通機関の整備に力が入れられてきた。先ほども述べたように、MRTと呼ばれる交通システム（都心部は地下鉄）とよく整ったバス網、そして安いタクシーの三本柱である。

一九八七年に営業を開始したMRTは、**図５－１**のごとく三つの路線が完成しており、駅は七一に及び、乗車料金は五〇～一二〇円程度と安い。そして、この路線をもとに公共住宅が建ち並ぶニュータウン開発が進んでいるのである。さらに、駅はバス網とリンクしており、都心にもっとも遠いエリアでも五〇分程度で都心に出ることができる。これにより、国民の標準的な通勤時間は三〇分程度ともされている。

このような、交通政策は消費者行動や消費市場に小さからぬ影響を与えている。まず、自動車での来店を前提とした郊外型のショッピングセンターは見られない。もちろん、自家用車で来る人ために駐車場もあるが、ショッピングセンターは公共交通機関でのアクセスが便利な場所に計画的に配置してある。つまり、都心もしくは郊外のＭＲＴ駅と直結しているものがほとんどなのである。また、食品スーパーは、のちに述べる「ＨＤＢ」と呼ばれる公営住宅の一階にある場合が多く、近隣に居住する徒歩での買い物客を受容している。消費者は、日常的には居住地の近くのスーパーで済ませるが、公共交通機関が便利な分、週末の買い物は都心に集中することとなる。

実際、シンガポールには郊外に人口数十万人規模のニュータウンが多数あるが、その郊外には百貨店などの買い回り品を扱う店舗はごく少数しか見られない。しかも、人口規模に比して小型である。消費者モビリティ（可動性）の高い、消費市場における小売業のあり方を垣間見ることができるのである。ただし、このような規制と消費市場との関係を見るためには、次に見る都市計画との関係も押さえておく必要がある。

5 都市計画がつくる消費市場

シンガポールは、アジアでもっとも優れた住宅政策を有する国といえよう。この国には、先にも少し触れたように「持ち家制度」が有効に機能しており、国民の八割以上が郊外のニュータウンを中心に開発された「ＨＤＢフラット」と呼ばれる国営住宅で暮らしている(1)。独立当時は、多くの国民が椰子の葉で葺いた劣悪な住宅に居住していたという実態があり、雨風を防ぐ近代的な住宅の供給が大きな課題であった。しかも、民族ごとに住み分けがなされていた。よって、新しい住宅は民族の混住による融和を進める装置でもあった。

さて、ニュータウン開発は政府の厳格な都市計画のもとで行われており、日本のように民間業者が勝手に小規模な住宅開発を虫食い的に行うことはない。よって、郊外ニュータウンのHDBフラットでの居住が創出する小売業の市場も厳格な都市計画の管理下にあるといえる。要するに、どのような規模の小売商圏がどこにいつ形成されるかは都市計画に委ねられているのである。また、ニュータウン内の商業スペースも都市計画に従って供給されている。つまり、日本のように新たなニュータウン市場ができたからといって、周辺に自由に出店することはできないのである。

したがって、小売業にとっては政府が供給する商業スペースをいかに確保するか（奪い合うのか）が出店の基本となる。これは、都心部の商業スペースにしても同様である。都心の整備は、「URA（Urban Redevelopment Authority）」という都市再開発公社が担当し、商業スペースもそこが都市計画にもとづいて管理している。

この結果、小売業の出店（店舗立地）は既存店の「跡地」をめぐる問題ともなっている。たと

（1）現在シンガポールには、二四ヵ所のニュータウンと九ヵ所の居住地区がHDBによって開発されている。

図５－１　シンガポールのHDB分布とMRT路線

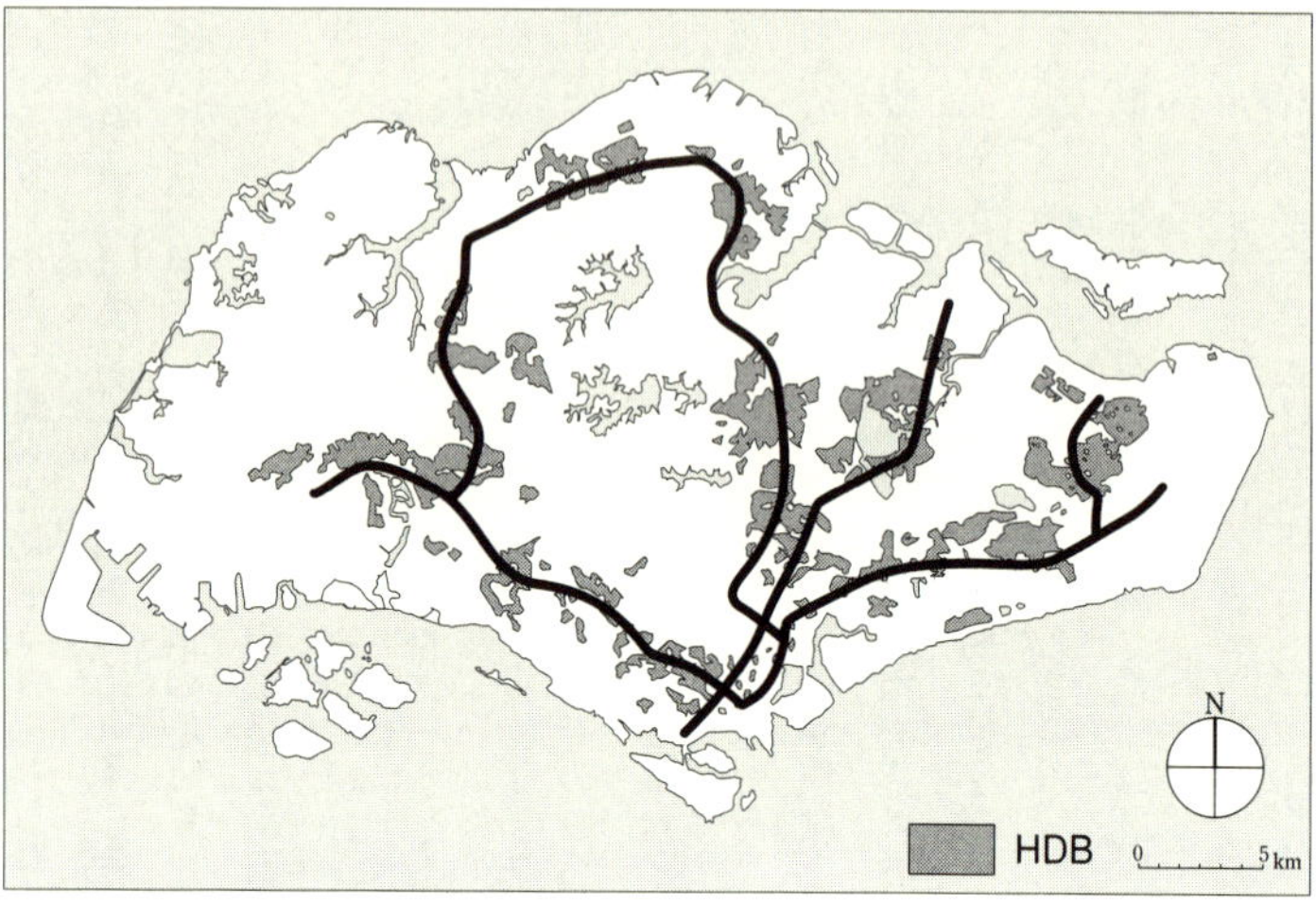

えば、オーチャードロード（Orchard Road）に面したプラザ・シンガプーラにはヤオハンの一号店が入っていたが、のちにその撤退跡には大丸が出店した。そして、大丸撤退後は建物がリニューアルされ、現在ではカルフールなどが入居している。また、マリーナスクウェアにはかつて東急百貨店が出店していたが、その移転跡にアメリカのＫマートが出店し、その撤退跡にはヤオハンが出店していた（現在は、リニューアルされて専門店街になっている）。

このような跡地争いは郊外の店舗スペースにも見られ、ヤオハンのカトン店跡には西友（撤退済み）が、トムソン店跡には地元スーパーが入居したし、大丸の郊外店であるジャンクションエイト店跡には西友が入っている。

6　ＮＴＵＣフェアプライスとは何か

この国の政策と消費市場との関係を語る際に、見逃すことのできないもう一つが「ＮＴＵＣフェアプライス」の存在であろう。これは、一九七三年の石油危機時の急激なインフレから国民生活を守るために設立された食品スーパーで、政府の物価安定政策とリンクする形で労働者の組織である「労働総同盟（National Trades Union Congress）」が創業したものである。設立当初から政府の手厚い支援を受けている点では政府系スーパーともいえ、労働者メンバーによる出資金制をとる点では生協スーパーと同じである[2]。

また、このスーパーは営利目的ではないということで税が免除されていることもあり、利益率は高く、出店に際しても政府系の新しい物件のスペースを有利な条件で確保している。利益は組合員（出資者）に一定率が還元され、その残りが労働基金に組み入れられる仕組みとなっている。還元額は年間の業績によって変動するが、その上限額が組合員一人当たり年間六〇〇〇シンガポールドル（約三七万円）に設定されていることから推測すると決して小さくはない額と推測

（2）ＮＴＵＣを含めたシンガポールの協同組合活動の歴史については、堀越芳昭（一九九三）「シンガポールにおける協同組合の展開」（『シンガポールとタイの協同組合運動』生協総研レポート№６）を参照のこと。

できる。したがって、組合員は業績が上がることを願って日常の買い物をNTUCフェアプライスに集中させる傾向にあり、他店の売り上げを奪っている。

現在のフェアプライスの組合員は四五万人を超えており、その家族を加えれば少なくとも国民の四割程度を囲い込んでいることになる（利用は組合員以外でも可能）。店舗も七六店に達し、一九九〇年代末からはコンビニ（四四店）をはじめとする新しい業態にも参入してきている。

その意味では、民間の食品スーパーは非常に不利な条件下での競争を強いられている。民間のSMチェーンの雄は、一九〇三年に設立され、現在は香港デイリーファーム社が所有する「コールド・ストレイジ」である。長年にわたって頭打ち状態ではあったが、二〇〇三年秋に

生協系スーパーのNTUC フェアプライス

ベルギー系のスーパー「ショップン・セーブ」三四店を買収したことで七六店舗に急伸し、今後ＮＴＵＣにどう対抗するのかが注目されている。

7 周辺国の富裕層を吸引する国際流通市場

シンガポール市場の魅力は、むしろその国際的な集客力にあろう。その意味では、国際流通市場としてのシンガポールが有する可能性は小さくない。その象徴的存在が観光客に人気のある「オーチャードロード」で、ここには三〇を超えるショッピングセンターが立ち並んでいる。それぞれのショッピングセンター内には世界のブランドショップが店を連ね、通り全体で国際的な商業集積を形成している。そして、そこで買い物をする人々は、日本、台湾、韓国からの観光客とインドネシアやマレーシア、ブルネイ、タイなどから来た富裕層である。欧米やオーストラリアからの観光客も見られるが、実際の購買額からいえばアジア系が圧倒的に多い。これは、今にはじまったことではない。

現在でこそ、クアラルンプールやジャカルタにも百貨店やブランドショップが増えてきたが、一九九〇年代の初めごろまでは周辺国に特権階級や富裕層の欲求を満たす店が少なく、そういった人々の購買がシンガポールに集中してきた。とくに、周辺国の王族や貴族階級の人々が購入する額は非常に大きかった。というのも、ある国の王族が買ったものと同じ商品を、万が一その国の庶民（の富裕層）が買い求めて身に着けるという事態が生じるとまずいことから、気に入った商品があるとほかの人が買えないように同じ柄やデザインの商品をすべて買い占めるという傾向が見られたからである。また、家臣や使用人への土産物として大量に購入したり、王族同士のプレゼントとして高額な商品が売れることも珍しくなかった。日系の百貨店なども、周辺国からの特権階級やとびきりの富裕層への販売で潤った時期もあった。

現在では、そのような周辺国からの特権階級の需要は減ってはいるものの、周辺国の所得レベルの向上にともなって新興富裕層のショッピング客が増大してきた。そして、最近目立つのがインドネシアからの華人系の新興富裕層であ

オーチャードロードの中心部に位置する「パラゴン・ショッピングセンター」

る。要因は航空運賃の低下であり、ジャカルタからだと日本円で一万円程度出せば往復できるようになった。しかも、時間的にも一時間前後で着くため、週末に日帰りでショピングと食事に出掛ける人が増大しているし、ホテル込みのインドネシア人向け格安パックも販売されるようなっている。もちろん、ジャカルタにも百貨店やブランド店はあるが、シンガポールと比較するとかなり割高であるため、運賃を入れてもまだ安いということになる。

かつて、日本でも内外価格差の大きさから香港やシンガポールへのブランド品のショッピングツアーが盛んとなった時期があるが、それと同様のことが生じているといえる。ちなみに、オーチャードロードでひときわ目を引く高島屋では、外国人向けの消費税還付申請額（GST）の四五パーセントをインドネシア人が占めるとされる。これは、日本人の一五パーセントを大きく上回ってトップとなっている（二〇〇四年上半期集計分）。

二〇〇五年になって、政府は国際的な集客力をさらに高めるためにオーチャードロードのグレードアップに乗り出した。新たに二ヵ所の留保地を放出し、そこにショッピングセンターを建設するとともに、既存のショッピングセンターのオーナーにリニューアルを奨励している。数年以内には、一段と魅力を高めたオーチャードロードが見られるはずである。

8 ショールームとしてのシンガポール

周辺国からの顧客吸引は、シンガポールにショールーム機能をもたせている。周辺国のビジネスマンや投資家も多く訪れるだけに、たとえば百貨店や専門店などに対する「誘致」話も多い。近年は、インド・中東方面からも話が来るとされている。日系を見ても、かつてはヤオハンや大丸（ともに撤退済み）に、現在では伊勢丹や高島屋に対して周辺国の投資家やディベロッパーなどからさまざまな話がもち込まれてきた。それは、百貨店やショッピングセンター内にテナント出店している専門店、ブランドショップ、外食店などについても同様である。また、シンガポールには、オーストラリアからのビジネスマンや観光客が多いのも特徴で、ここでのショールーム機能を生かして南半球でのビジネスチャンスも視野に入れることができる場所となっている。その意味では、シンガポールへの出店には、世界的視野でのビジネスチャンスを拡大するという付加価値がともなうことになる。華僑や印僑ネットワークのハブであるこの国ならではのものであろう。

これは、消費財メーカーにとってもいえることである。たとえば、シンガポールの家電の普及率はすでに非常に高く、人口規模からしても決して大きな市場とはいえない。しかし、日本の各メーカーは新製品をシンガポールでこぞって販売しているとされる。その理由は、アジアの周辺国のみならず、アフリカや中近東、そして南半球から多数のバイヤーが訪れるからである。もちろん、このことは韓国メーカーや欧米メーカーにとってもいえることで、その結果、シンガポールの家電店の店頭には各国（母市場）の市場の脈絡を反映したさまざまな家電が並んでいるわけである。

表5－2は、冷蔵庫の母市場別の特徴を簡単に示したものである。シンガポールから世界が見える瞬間といえよう。

9　市場をリードする日本の小売業

シンガポールの市場は、所得も高く西欧型のライフスタイルも有することから、日本の小売業が早くから注目した市場だった。その先陣を切ったのは、一九七二年に進出した伊勢丹である。伊勢丹は、シンガポールで初めてエスカレーターのついた店舗を構え、正札販売の導入やフランスから呼び寄せたモデルによるファッションショーの開催など、シンガポールの小売シーンを革新していった。一九八一年には

表5－2　冷蔵庫の母市場ごとの特徴

母市場	特　　徴
日本	中型中心で機能も繊細
韓国	大型の観音開きタイプで高級イメージを訴求
米国	機能・堅牢・大型
欧州	随所にインテリアとしてのこだわり

出所）安達幸春、島　治（2003）「シンガポールにおける白物家電の実情」『月報』（シンガポール日本人商工会議所）2003年9月号。

日本の小売業で初の海外上場を果たし、シンガポールの老舗百貨店としての地位を確立している。

他方、一九七四年にはヤオハンも一万平方メートルを超える本格的な総合スーパーを出店し、成功を収めた。ヤオハンはシンガポール店がドル箱となったことでアジア市場での自信を深め、その後の大規模な海外進出を進めることとなった。当時、同社のシンガポールでの成功は日本の地方スーパーにも大きな刺激を与え、のちに海外進出を試みるスーパーを多数出すこととなった。その意味では、日本の流通史における重要な店舗であったといえる。その店舗は「プラザ・シンガプーラ」というオーチャードロードに面したショッピングセンターに出されたものであったが、一九九〇年代に入ると立地の優位性が低下し、競合店も増大してかつての面影をなくしていった。

一方、一九八三年になると、大丸がシンガポール川沿いの再開発地区に進出した。現地の日本人には好評の店舗であったが、立地が都心部からややはずれているうえにMRTの駅からも離れていたために地元客を取り込めずに苦戦を続けた。一九九八年末にはヤオハンのプラザ・シンガプーラ店跡を確保し、念願のオーチャードロード進出(二号店)を果たしたが、結局は二〇〇三年三月に全面撤退した。大丸の撤退は、小売業にとっては市場選択だけでなく、店舗の立地選択も非常に重要となることを改めて教えてくれている。なお、現在のプラザ・シンガプーラは、二本の地下鉄(MRT)が交差する駅前となり利便性が急上昇し、建物もリニューアルされ、カルフールの二号店が入っている。

さて、日系小売業の撤退を見ると、**表5－3**のごとく一九九〇年代後半以降に集中しており、二〇世紀の終末とともに一つの時代が終わったことが分かろう。現存する日系小売業のなかでもっとも勢いがあるのは一九九三年に開業した高島屋である。高島屋は、日本本社がオーチャードロードに面する一等地に建設した「ニーアンシティ（義安城）」という高層のツインタワービルに入居している（土地は地元企業）。ツインタワーの上層部は貸しオフィスであるが、下層部には高島屋と高島屋系のディベロッパーである「東神開発」が運営する高級ブランド店街が入り、シンガポールを訪れる日本人が目を見張る偉容を放っている(3)。しかし、当初は、家賃が非常に高かったことや観光客市場を過剰に見積ったこともあって現地対応化に手間取り、意外にも黒字化したのは一九九八年以

シンガポールのカルフール2号店は、かつてヤオハンや大丸があったオーチャードロード沿いの「プラザシンガプーラ・ショッピングセンター」にある

表5－3　シンガポールの主要日系小売業の動向

小売業	店舗名	業態1)	開店年	面積(㎡)	備　考
伊勢丹	ハブロック	D	1972	4,800	1993年統合閉店
	リアットタワー	D	1979	3,900	1986年統合閉店
	カトン	D	1983	4,700	郊外店
	ウィズマ	SS	1986	7,400	ブランド店街
	スコッツ	D	1993	12,200	旗艦店
	タンピネス	D	1995	4,600	郊外店
高島屋	ニーアンシティ	D	1993	32,000	
(西　友)2)	ブギス	GMS	1995	14,300	旗艦店
	チャオチューカン	GMS	1996	1,400	郊外店
	カトン	GMS	1998	4,400	郊外店
紀伊國屋書店3)	リャンコート	SS	1983	1,300	(大丸内)
	ブギス	SS	1995	430	西友内
	オーチャード	SS	1999	4,000	旗艦店

【撤退済み】

大　丸	リャンコート	D	1983	10,500	2003年閉店
	ジャンクション8	D	1993	4,100	2003年閉店
	オーチャード	D	1998	4,700	2003年閉店
そごう	ラッフルズシティ	D	1986	12,500	2000年閉店
	パラゴン	SM	1989	5,500	1999年閉店
	タンピネス	D	1993	5,400	1998年閉店
東　急	マリーナスクウェア	D	1987	7,000	1994年移転閉店
	フーナンセンター	SS	1994	4,300	1998年閉店
ヤオハン	オーチャード	GMS	1974	13,700	1997年閉店
	トムソン	GMS	1979	8,800	1997年閉店
	ブキティマ	GNS	1981	3,800	1996年閉店
	ジュロン	SM	1983	1,400	1989年閉店
	カトン	GMS	1983	7,300	1997年閉店
	マリーナスクウェア	GMS	1996	9,500	1997年閉店
キミサワ	アオカン	SM	1985	1,200	1986年閉店
	オーチャード	SM	1986	1,100	1993年移転閉店
	ギンザプラザ	SM	1992	1,300	1993年閉店
	スコッツ(伊勢丹内)	SM	1993	1,300	1999年閉店

注1）D：百貨店、GMS：総合スーパー、SM：食品スーパー、SS：専門店
2）西友は2005年12月に地元不動産会社に売却された。
3）紀伊國屋書店シンガポール店は、タイ、マレーシア、インドネシア、オーストラリアの店舗を統括する拠点となっている。
4）この他、ベスト電器がシンガポール内に10店舗ある（1985年進出）。ベスト電器もシンガポールが東南アジア地区の拠点となっている。
出所）筆者調べ。

降である。近年は店舗のリニューアル効果も加わり、業績は非常によい。

なお、日系小売業としては一九九五年に進出をした西友も好調である。西友が入居する「ブギス・ジャンクション」はセゾングループが合弁で開発した複合商業施設で、オフィスビル、ホテル、西友、無印良品、専門店街（パルコが運営）が入る。西友やパルコはとくに地元の若者に人気が高い。しかし、西友のアジア戦略は同社がウォルマートに買収されたことで陰が薄くなってしまった。西友のアジア展開は、ウォルマート本体のアジア戦略と重複してしまうからである。西友は、中国（北京、上海、香港）やベトナム（ハノイ）からもすでに撤退しており、業績のよいシンガポールが唯一残った西友のアジア拠点となっているが、その今後のゆくえが注目されている。

シンガポールの日系小売業でユニークな存在は紀伊國屋書店であろう。紀伊國屋書店は、アジアでは和書を中心に販売してきたこともあり、シンガポールでは大丸に出店し在留邦人を顧客としてきた。しかし、一九九七年にアメリカの「ボーダーズ書店」がオーチャードロードに大型店

（3）ニーアンシティの開発は、日系小売業によるアジアでの店舗開発のなかで最大級の投資規模を誇っている。ここは、もともとは華僑の地縁組織である潮洲人会館が管理していた墓地であったが、高島屋と潮洲人会館の義安公司とで合弁で開発会社を設立し建設した。建設資金の三〇〇億円は、全額が高島屋から出されたとされる。一九九三年にオープンしており、高島屋が三二〇〇〇平方メートル、東神開発が運営するブランド街が三四五〇〇平方メートルを占めている。現在は、シンガポールきっての高級商業施設となっている。

表5－4　シンガポールの主要小売業（日系以外）

小売業	業態	店舗数	備　　考
ロビンソン	D	2	
ジョンリトル	D	8	1955年にロビンソンが買収
タン	D	3	マレーシアに3店
メトロ	D	5	インドネシアに4店
マークス＆スペンサー	D	6	英国系、1987年進出。ロビンソンがFCで運営、マレーシアのFC権も所有。
NTUCフェアプライス	SM CVS	76 44	労働組合系スーパー 1999年創業、店舗名「CHEERS」
コールドストレイジ	SM	78	香港デイリーファーム社が1989年に取得。2003年秋にベルギー・デレーズ社のShop'N Save（34店）を買収
セブンイレブン	CVS	206	香港デイリーファーム社がFCで運営
カルフール	HM	2	フランス系、1997年進出
ジャイアント	HM	2	香港デイリーファーム社系。2000年にマレーシアから進出

出所）筆者調べ。

東南アジア最大のシンガポール紀伊國屋書店は森の中を歩くようなイメージで設計されており、通路と棚がゆるやかな曲線を描いている

を出店し、また在留邦人数も減少傾向にあったことから、将来に不安を感じた同社は方針の大転換を図った。つまり、一九九八年に先のニーアンシティ・ショッピングセンターの三階に大阪の梅田本店を上回る四〇〇〇平方メートルの大型店を開店し、インターカルチュラルをコンセプトに英文書を七〇パーセントに増やして日本書は一五パーセントに抑えた（中文書一三パーセント、独・仏二パーセント）。それも、英語の国シンガポールならではの試みであった。その狙いは見事に的中し、現在では東南アジア最大の書店となり、一日平均九〇〇〇人の来店者を迎え、一ヵ月に約一二万冊もの書籍を販売するメガ書店に成長している。

このように、紀伊國屋書店はシンガポールにおいて、これまで同社が有していなかった英文書中心の書店ビジネスモデルを構築した。これは、現地適応化のモデルケースであると同時に、グローバルモデルの構築事例としても興味深いものである。

10　ハイパー業態を成長させない市場の脈絡

多くの東南アジア市場を席巻しているハイパー業態ではあるが、ここシンガポール市場ではまったく勢いがない。シンガポールに最初に出てきたハイパーはカルフールであった。一九九七年に一号店をマリーナスクウェア（Marina Square）地区に出したが、消費者の当用買い中心の購買行動への不適合や立地のミスマッチ、つまり自動車での来店客の少なさと公共交通機関からのアクセスの悪さから赤字を続けてきた。二〇〇三年一〇月にオーチャードの改装されたプラザ・シンガプーラに二号店を出したものの、家賃が高過ぎ利益には結びついていないとされ、今後の動向に注目が集まっている。同社のライバルは、マレーシアから進出した香港デイリーファーム社の「ジャイアント」であるが、そもそも周辺途上国とはまったく異なる脈絡を有するこの国で、ハイパーという業態そのものが定着するのかどうかは疑問といえよう。

むしろ、ここは百貨店業態が元気な市場である。その要因の一つは、高品質の衣料品やインテリア商品・雑貨へのニーズの高さがあろう。ハイパー店に並ぶ安さ勝負の品質を軽視した衣料品や雑貨へのニーズは低く、消費者は一定以上の品質を前提としたうえで低価格を訴求する。その消費者のバランス感覚は、日本などの高所得市場と共通している。

日系百貨店についてはすでに述べたが、地元百貨店にはイギリス領時代からの老舗が見られる。まず、ロビンソン百貨店は一八五八年、タン百貨店は一九二三年の創業である。オーストラリア出身のロビンソン氏が創業した前者は、一九五五年にやはり地元の老舗百貨店ジョン・リトル（一八四五年創業）を買収し、その後マークス&スペンサーのフランチャイズ運営も行う流通グループに成長している。同社は、オーチャードの「センターポイント・ショッピングセンター」に旗艦店を有しているが、二〇〇一年に都心の「ラッフルズシティ・ショッピングセンター」のそごう跡地に二号店を確保した。そして、郊外ではジョン・リトルの看板で中・小型店を展開し、またマークス&スペンサーについてはマレーシアのフランチャイズ権も所有している。

一方、中国からの移民であるタン氏がはじめたタン百貨店は、一九八九年にはマレーシアにも進出し、現在では国内三店、マレーシア三店の店舗網を形成している。なお、地元百貨店のなかでもっとも店舗数が多いメトロ百貨店は、国内に五店舗、インドネシアにも四店舗を構えている。近年は海外での不動産開発に積極的で、中国（上海・広州）でのビル開発やペナン島、オーストラリアでのリゾート開発に注力している。

今後、シンガポールの市場の脈絡が、ハイパーや百貨店といった小売業態をどのように変容させていくのかが注目されるところである。

第6章 インドネシアの消費市場

地方から出てくる人々が集まる首都のバスターミナルには多数の露天商が店を並べる

1 高級ショッピングセンターのなかの華人

ジャカルタのショッピングセンターを歩いてみると、高級百貨店やブランドショップ街の客のほとんどが華人であることに気づく。都心に立つ「ハイアット・ホテル」と一体化した高級ショッピングセンターの「プラザ・インドネシア」もしかりである。その核テナントのそごう百貨店は、とくに富裕層が集まる店として知られているが、その店内は見事に華人で埋め尽くされている。他方、大衆的なショッピングセンターや在来市場《いちば》に行くと、すぐに「プリブミ」と呼ばれる先住系のインドネシア人がほとんどを占めていることに気がつく。流通業自体も、主要なものはほとんどが華人系企業であり、その意味ではこの国の市場のカギを握るのは華人

「そごう」が入る高級ショッピングセンター「プラザ・インドネシア」（ジャカルタ）

だといえよう。

しかし、インドネシアの華人の社会的なポジションは複雑であり、彼らは東南アジアのなかでもとくに先住民との断絶が大きいことで知られている。人口二億人余り、アジアでは中国、インドに次ぐ巨大市場といわれつつも、その市場性がいまひとつ評価されない理由もこのあたりにある。そこで、まずはこの華人問題からインドネシア市場の脈絡に迫ってみたい。

2　華人と先住民（プリブミ）との確執

インドネシアの華人は一般に裕福であり、全人口のわずか三・五パーセント程度しか占めない華人が、国内資本の七〇パーセント以上を独占しているともされる。すでに紹介したマレーシアのブミプトラ政策などは、いわば華人に占有されてしまった経済力を先住民（ブミプトラ）が取り戻す政策といえようが、インドネシアにおいてもさまざまな政策によって華人の経済力をプリブミに移転させようとする試みが行われてきた。それは、マレーシアよりも露骨なもので、なかには迫害ともいえる性質のものを含んでいた。そこで、まずは華人とプリブミとの関係を歴史的に振り返ってみたい。

独立後のスカルノ[1]政権時代における一九五〇年から一九五六年には、「ベンテン政策」と呼ばれる政策のもとで資本のプリブミ化（先住民族化）が強引に進められた。たとえば、輸入ライセンスを華人から取り上げてプリブミ企業に与える措置もその一つであった。しかし、ライセンスを入手してもうまく事業化できないプリブミ企業も少なくなく、結局、ライセンスを華人に売却する企業が続出して効果を上げることができなかったとされる。一九五九年になると、地方（農村部）での華人の小売業を禁ずる「外国人小売禁止法」が制定された。これも、結果的には混乱を招くだけに終わったが、これにより華人商人はジャカルタなどの都市部に集中することとなった。このことが、小売企業のジャカルタ集中を促進させたとされ、地方で目立った小売業が育たなかった要因ともいわれている。

また、一九六五年に起きた共産党のクーデータ未遂事件「九・三〇事件」に端を発した反共産主義運動が起きた際には、それが「反中国運動」にエスカレートし、多くの華人が民衆によって殺害された。九・三〇事件後は中国との国交断絶も行われ、国内の華僑にも中国籍の放棄を強要するとともに徹底したインドネシア文化への同化政策がとられ、中国文化の排除が行われた。すなわち、一九六六年には華人系学校（生徒数約三〇万人）の閉鎖や中国語新聞の発行禁止、中国語書籍の出版および輸入販売の禁止、華僑の同郷集団である「会館」の解散などの措置がとられたのである。

これらは、続くスハルト政権[2]にも継承された。スハルト時代には、一九七〇年代中盤から一九八〇年代後半までの経済成長期に、華人資本の活動に制約が課せられプリブミ企業を政府系プロジェクトに優先的に参加させる政策もとられた。とはいえ、華人企業のなかには、積極的に政権内の有力者や軍部と結びついてしたたかに成長してきたものも少なくない。つまり、迫害から身を守る手段は権力と結びつくことであったからにほかならない。そして、政治家は華人を弾圧する一方で華人企業を利用した蓄財も行ってきた。このような政治腐敗と華人企業の成長の表裏一体性は、政治への不満と華人への反感を一体化させてきた。次に述べるスハルト政権末期の大統領退陣要求のための暴動がエスカレートして、華人系小売業の襲撃に発展した事実がそのことをよく物語っている。

しかし、スハルト政権が崩壊した翌年の一九九九年には、これまでの華人への弾圧路線は転換され、表だった迫害政策は姿を消した。つまり、中国文化の解禁政策（中国語での出版や中文書の販売、中国人学校の復活など）が実施されたのである。とはいえ、市民感情レベルでは依然としてプリブミとの大きな溝がある。政治的・社会的な不満が高じるたびに、その矛先が華人に向かい、華人商店が襲われるという構造がインドネシアの脈絡の基底に潜んでいる。

(1)　スカルノ大統領は、インドネシアの独立戦争を指揮した人物で「建国の父」とされる。一九四五年の独立宣言後すぐに大統領に選出され、独立戦争後の完全独立後も大統領として政権を執った。

(2)　軍人出身で、「九・三〇事件」の鎮圧を機に政治的な力を伸ばし、一九六七年に実権をとった。スカルノが国際社会から孤立する道をとったのに対して、スハルトは西欧諸国からの援助や投資を積極的に受けて経済基盤を確立した。しかし、政治腐敗も招き、最後は国民の信頼を失う形で一九九八年に政権を降りた。

3 政治の脈絡と消費の脈絡

一般にどこの国においても、暴動や治安崩壊が起きると真っ先に標的にされ襲撃されるのが小売業である。日ごろから、その経営者は身近な資産家として地域の庶民の目には映る。近隣住民の顧客との小さなトラブルが、地域での反感を蓄積させやすいという性質もあろう。経営者が異民族である場合はなおさらである。さらに、無防備に商品が山積みされた店舗は、混乱に乗じた略奪へと人々を誘うことになる。

しかし、一九九八年五月の暴動(3)は一般的な想像を超えるものであった。華人社会はもちろん、小売業に与えた被害も他に類を見ないほど甚大であった。それは、華人への暴行や虐殺といった直接的なものと、華人系小売業への襲撃との二つに分けられる。前者は一五〇人にも上る死者を出したともいわれているし、信号待ちをしている車から華人が引きずり降ろされて暴行されるという事件も起きた。華人と間違われやすい現地の在留邦人も、約九〇〇〇人が国外に一時避難したほどであった。

他方、小売業にも大きな被害をもたらした。**表6-1**は当時の小売業の被害をまとめたものである。暴徒は、華人系の小売業とスハルト・ファミリーの資本が入った小売業を狙い打ちにした。暴徒が小売業を襲う場合は、商品の略奪後に火を放つというのがお決まりのパターンである

表6－1　1998年の暴動による主要小売業の被害状況

	焼き討ち（店）	略奪・破壊（店）	損害額（百万米ドル）
ヘロ・スーパー	7	22	113
マタハリ百貨店	7	7	80
ラマヤナ百貨店	13	11	120
マクロ	3	0	23
アルファ	0	4	24
ゴロ	1	1	15
その他	12	8	40
計	43	53	415

注）インドネシア小売協会による調査。
出所）『Asia Supermarket』1998年6月号より作成。

が、この暴動は同時多発的で全体の規模が非常に大きかったため、焼き討ちにあった主要な店舗だけで四三店にも上り、放火こそされなかったが略奪や破壊行為にあった店舗も五三店に達した。また、百貨店などでは、一階部分への放火によって上層階に取り残されて焼死した客や従業員、あるいは略奪者は五〇〇人に上ったとされている。これらの数値だけを見ても、暴動の規模の大きさが分かろう。

もっとも大きな被害を受けたのは、香港資本が入る「ヘロ・スーパー」、地元華人系小売業の「マタハリ」や「ラマヤナ」といった百貨店であった。その被害店には地方都市の店舗も含まれる。

(3) この暴動はその発生期において軍部が絡んでいたともされるが、いずれにしろ、都市部の貧しいプリブミが重要な役割を果たしていたということは間違いない。

さらに、旧宗主国のオランダ系の会員制卸売業である「マクロ」も三店舗が焼失しているし、「ウォルマート」も被害を受けた。

興味深いことに、襲撃された小売業はどちらかというと庶民を顧客とする小売業であり、意外にも富裕層の華人を相手とする高級百貨店や高級ショッピングセンターは対象とはならなかった。たとえば、当時ジャカルタにあった日系の「西武（西友）」や「そごう」も無傷であった。西武（西友）はプリブミ資本と組んでいたので理解できるが、そごうは華人系であったにもかかわらずである。

その要因は、パートナー企業の政治的な力とともに、店舗の立地にあったと見られる。暴動は貧しい人々が多く住む地区で発生しており、暴徒たちは日常的に利用している近隣の小売店を襲撃した。つまり、普段行き慣れない高級地区に立地する小売業にわざわざ押しかけることはなかったのである。二〇〇五年四月に中国大陸の大都市で生じた反日デモにおいても、集会場となった広場近くの小売業やデモのルート上にあった日本料理店は襲撃されたが、それと離れた位置にあった日系の小売業や日本料理店は無傷であった。

一般的に、政情不安による治安崩壊によって小売業が襲撃される可能性は高いが、その際には合弁・提携先や立地の違いがリスクヘッジの役割を果たす可能性が高いのである。また、もう一つ重要なことは、このような大きな事件が生じたにもかかわらず、それは一過性のものに終わり、その後はまた何事もなかったかのように華人系小売業がプリブミによって利用されているという実態である。このことは、悲惨な事件を起こした政治的な脈絡と日常の消費の脈絡とは、本来は異質なものであることを暗示している。

4 消費市場はなぜ拡大したのか

インドネシアの消費市場は、一九九九年以降は拡大傾向にある。二〇〇四年の調査においても、東南アジア諸国のなかで消費財への需要の伸びがもっとも高かった（ACニールセン調べ）。この市場拡大の要因を探ると、途上国の市場の脈絡の一端が浮かび上がってくる。

さて、近年の消費市場の拡大は以下の三つの要因がもたらしたものといえる。

❶通貨危機後のインフレ
❷最低賃金の上昇
❸消費者ローンの拡大

一番目に挙げたインフレであるが、これは二つの要因に起因している。一つは、従来から多くの物資を輸入に頼ってきたインドネシアでは、アジア通貨危機による通貨ルピアの暴落が急激な輸入インフレをもたらしたことによる。インフレ率は、ピーク時の一九九八年には年率で七七・

六三パーセントにも達した。一九九九年には一二・五五パーセントにまで下がったが、二桁インフレは二〇〇二年まで続いた。しかし、物価の急上昇はむしろ小売業にはプラス要因となった。インフレ率の高さが実質的に金利を上回ったため、マネーの目減りを防ぐための購買が拡大したからである。このような需要は「インフレヘッジ需要」というべきものである。市場を動かす仕組みの複雑さがよく分かる。いまひとつの要因は、通貨危機後にIMFの指導によって政府の価格補助金が打ち切られたことでエネルギー価格が上昇し、それが物価を押し上げてインフレにつながったことである。エネルギー価格の上昇は、しばしば途上国の貧困層を直撃する。近年の原油高も、食品を含めた各種消費財の生産原価を押し上げており、消費市場に小さからぬ影響をもたらしている。

二番目の要因は、インフレによって減少した所得を改善するために行われた最低賃金の大幅な引き上げであった。ジャカルタ特別州の最低賃金を見ても、一九九八年から二〇〇二年初めまでの間に最低賃金は三倍以上に引き上げられていたが、さらに同年に三八・七パーセントもの引き上げがなされ（二〇〇三年は六・七パーセントと一段落した）インフレ率を大きく上回った。これが、とくに中～下の所得層の購買力を増大させたことでカルフールなどのハイパー業態を潤したとされる。のちに述べるハイパー業態の急成長の要因は、このようなところにも見いだせるのである。

三番目の要因は、金利の低下と銀行による個人ローンの拡大である。通貨危機で膨大な不良債権を抱えた銀行は、経営基盤の弱い企業向け貸し出しのリスクを回避するため、金利低下が進行したのを機に個人向けローンに注力しはじめた。一般に、法人向け融資よりも個人向けローンのほうが返済率が高いからである。また、外資も含めた各種クレジットカードも普及してきた。金利よりもインフレ率のほうが高い局面においては、購入を先延ばしして値上がりしてから購入するよりも、先にローンを利用して購入するほうが金利を支払っても割安となる。これが、消費者の購買意欲を増大させたとされる。二〇〇三年にはＧＥがカルフールとクレジットカード契約を行うなど、小売業側もローン販売に積極的となっており、それが消費市場の拡大や小売業の売り上げに与える効果は小さくなかった。

また、ローンは途上国においてはＧＤＰを効率よく押し上げる効果も有している。ＧＤＰに占める個人消費の割合は日本でも約六〇パーセントに達するが、インドネシアの場合は約六七パーセントを占めている。個人消費のなかでも最大の地位を占めるのが、金額の大きな自動車や二輪車の需要である。その購入にはローンが利用される率が高いため、ローンの普及によって自動車や二輪車の購入が増えると個人消費額が伸びてＧＤＰを効率よく押し上げることとなる。インドネシアの場合、二〇〇四年のＧＤＰ成長率は五・一パーセントと政府の目標値である四・八パーセントを大きく上回ったが、その理由も個人消費の寄与が大きいとされている（中央統計局発表）。ただし、韓国やタイでも見られるように過大なローン債務を負う消費者も確実に増大しており、それが今後の課題とはなろう。

5 ショッピングセンター開発ブームと華人

このような拡大する消費を吸収する「しかけ」の一つにショッピングセンターの開発がある。近年、ジャカルタをはじめとする都市部では、ショッピングセンター開発が活発化してきている。その理由は、一九九八年の暴動により華人が襲撃を受けた際に、華人の富裕層がシンガポールや香港などに避難させていた大量の資金が、近年の政治の安定化と華人への政治的圧力の低下によって再び環流しつつあるからである。華人資本は、しばしば投資対象としての不動産開発に投入されるが、基本的に短期での効率を重視するため、オフィスビルなどに比べて回収が早い商業施設開発に資金を集中させてきている。このような華人資本によるショッピングセンター開発が、消費を刺激して市場拡大に貢献している。ここにも、インドネシアの消費市場と華人との密接な関係が見てとれる。

インドネシアには、二〇〇三年九月時点で約二五〇〇万平方メートルのショッピングセンターが存在しているとされるが（インドネシア小売協会）、そのうちの七割以上にあたる一八二〇万平方メートルがジャカルタに集中している。ジャカルタの隣接地区を入れると、面積は二二〇〇万平方メートルに達し、集中率は八割を超えてしまう。しかし、現在ジャカルタ首都圏では大規模なものだけで一〇ヵ所の工事や計画が進行中で、それだけで一六〇万平方メートルの面積増大とな

表6－2　ジャカルタのSC開発の地区別・規模別状況（2003年）

（面積単位：万㎡）

規模階層	中央地区 件	中央地区 面積	東地区 件	東地区 面積	西地区 件	西地区 面積	南地区 件	南地区 面積	北地区 件	北地区 面積	衛星都市 件	衛星都市 面積	合計 件	合計 面積
10万㎡超	0	－	0	－	1	13.5	4	44.0	2	28.0	1	10.0	8	95.5
5～10	1	6.3	0	－	2	13.0	1	6.5	0	－	0	－	4	25.8
2～4	9	22.8	4	11.1	3	8.4	7	17.5	1	3.0	5	15.0	29	77.8
2以下	5	6.2	2	2.8	2	1.8	6	7.4	1	1.0	2	2.5	18	21.7
合計	15	35.3	6	13.9	8	36.7	18	75.4	4	32.0	8	27.5	59	220.8

出所）インドネシア小売協会資料をもとに筆者整理。

る。国内には過剰投資を危ぶむ声もあり、それらが完成し終わる二〇〇八年ごろには供給過剰状態に陥る可能性もある。しかし一方で、インドネシアの富裕層にはショッピングをするのに週末にわざわざシンガポールの百貨店まで出掛ける傾向も見られ、国内の需要はまだ大きいとする見方も存在する。

表6－2に見るように、当初は都心部周辺に多かったショッピングセンターであるが、最近はジャカルタ南部の高級住宅地区での開発が相次いでいる。ちなみに、このエリアでは二〇〇五年八月にそごうの新店が入るショッピングセンターも開業しており（七万平方メートル）、今後も増大していくと思われる。規模的に見ると、「ケラパ・ガドゥン・モール」が一八万平方メートルと最大であるが、人気の点では西地区の高速道路沿いにある「タマン・アングレック・ショッピングセンター」（一三万平方メートル）が一番といわれている。これは八棟建ての高層マンションの基層部に位置するSCで、シンガポールの「メトロ百貨店」や地元の「ギャレリア百貨店」、インドネシア最大のスーパーマーケットである「ヘロ」（のちに詳述）

若者に人気の「タマン・アングレック・ショッピングセンター」(ジャカルタ)

ジャカルタの南に位置する「プラザセナヤン・ショッピングセンター」には
そごうとメトロ（シンガポール）の二つの百貨店が入る

などが入るが、スケートリンクやシネマコンプレックスを備えていることもあってとくに若者の人気が高いとされる。

一方、高級という点では、都心部のイギリス大使館跡に開発された「プラザ・インドネシア」(五万平方メートル)がトップであろう(一四四ページの写真)。そごうを核として一九九〇年に開業した初の高級ショッピングセンターで、二〇〇店近くが入る専門店街には高級ブランド店が軒を連ねている。現在も、これだけの高級さを誇るショッピングセンターはなく、まさにインドネシアを代表するショッピングセンターとなっている。

このほか、市の南部に一九九九年に開発された「プラザ・セナヤン」(一〇万平方メートル)も高級ショッピングセンターの一つである。こちらは、シンガポールのメトロ百貨店とそごう三号店を両端に配する直線型の二核モールで、中央部の専門店街にはブランドショップなど二〇〇店が入り、シネマコンプレックスなどもある。

6　成長めざましい地元小売業

インドネシアの小売業界は、フィリピンと同じく長らく外資の直接投資を規制してきたこともあり、地元の有力小売業が支配する構造が続いてきた。一九九六年に直接投資が可能となってからはカルフールが進出して台風の目となっているものの、依然として大御所的な地元小売業が健在である。

まず、この国で最大の小売業としては、中級百貨店の「マタハリ百貨店」がある。一九五八年にジャカルタ市内で創業し、一九七二年に百貨店を開業した。一九九二年に上場を果たした後、一九九五年にはスーパーマーケット事業にも進出している。また、日本からのそごうの進出などに刺激を受けて、高級百貨店業態の「ギャレリア」や高級スーパーの「マーケットプレイス」の運営もはじめている。さらには、ドラッグストア事業やハイパー事業にも乗り出すなど、インドネシアを代表する総合小売業に発展してきており、現在、百貨店が七七店、スーパーは四九店に達している。なお、マタハリ百貨店は、一九八六年から一九九八年まで日本の京王百貨店と技術提携契約を結んでいた。

このほか、「ラマヤナ」、「ロビンソン」、「カハヤ」などの大衆百貨店を運営するラマヤナ・グループ（二〇〇四年国内三位）も急成長してきている。ここは一九七八年の創業で、衣料品店からスタートした。直営店舗は一五店であるが、提携店や運営受託店を入れると計八一店舗、総面積は五五万平方メートルに達する規模となっている（二〇〇四年六月）。

これらの中級・大衆百貨店は、近年は地方への進出に注力している。これは、カルフールなどの進出により、巨大市場であるジャカルタでの競争が激化したということが背景にある。**表6－3**のように、両百貨店グループは全国的な店舗ネットワークを構築しつつある。

表6－3　マタハリとラマヤナの店舗ネットワーク（2004年末時点）

		スマトラ島	ジャワ島	カリマンタン島	スラウェシ島	バリ島	ヌサテンガラ島	東イリアンジャヤ	合計
マタハリ	百貨店	11	54	3	5	1	2	1	77
	スーパー	7	38	2	2	0	0	0	49
ラマヤナ	百貨店	11	60	6	1	2	1	0	81

出所）両社ホームページより作成。

次に、スーパーマーケット企業として最大のものはヘロ社（九九店）である。ヘロは一九七一年創業の老舗の大手スーパーで、一九八八年から一九九〇年には日本の西友から技術支援も受けて高度化を図ってきた。しかし、一九九八年に通貨危機の影響を受けて資金難に陥り、香港の財閥であるジャーディン・マセソン系の小売企業「デイリーファーム社」に株式の三二・一八パーセントを譲渡し、系列下に入った。

二〇〇二年には後述するハイパー業態にも進出し、二〇〇三年五月にはオランダの「アホールド社」が展開していたスーパーマーケットの「トップス」を買収し、店舗二二店と二ヵ所の物流センターを取得している。このほか、一九九八年にインドネシアで買収したドラッグストア「ガーディアン」も二〇〇四年末で八一店舗にまで拡大している。そのガーディアンは、マレーシアやシンガポールでも展開されている。さらに、ミニスーパー業態の「スターマート」も四〇店となり、ヘログループ全体の店舗数は二三〇店を超える勢いとなっている。

7 消費市場の国際化を進めるフランチャイズ

インドネシアの高級百貨店といえば「そごう」がその代表となる。日本では経営再建中であるが、かつてアジア六ヵ国の首都に店舗を構えた「そごう」の看板が有するブランド性はきわめて高い。二〇〇〇年の日本本社破綻にともない、そごうは海外の店舗や経営権を各国の地元企業に譲渡したが、「そごう」の看板は譲渡先企業が「そごう」ブランドの貸与を希望したため、アジア各地でいまなお生き続けている。

一九九〇年の進出当時はインドネシアでの小売業への直接投資が禁止されていたため、地元のガジャ・トゥンガル・グループと商標貸与および運営全般を請け負う技術提携契約で進出した。しかし、二〇〇〇年の日本本社の経営破綻によって経営権はガジャ・トゥンガル・グループの傘下で小売部門を担当している「ミトラ社」に譲渡され、現在は「そごう」ブランド（商標）の貸与のみの契約となっている。その意味では、資本面でも運営面でも完全に地元百貨店となった。しかし、ミトラ社は「そごう」のプレステージの高さを活用し、ジャカルタ市内の四店舗のほかに、近年はスラバヤやメダンといった地方都市にも進出しており、今後も地方進出を増やす計画とされている。

このミトラ社は、多数の海外小売業のフランチャイズ権を取得して成長してきたユニークな企

表6－4　ミトラ社がインドネシアで販売権・店舗運営権を有する主要ブランド（2004年時点）

スポーツ関係	リーボック、コンバース、フィラ、スポルディング、ニューバランス、エレッセなど21件
ゴルフ関係	ミズノ、ウィルソン、スポルディング、アダムズ、アシュワースなど13件
ファッション	ネクスト、モルガン、ラコステ、ナウシカ、ザラ、ナインウエスト、ベネトン、オアシス、フェラガモなど20件
子供関係	ディズニー、ワーナーブラザーズ、バンダイ、コナミ、タカラなど15件
その他	スターバックス（フランチャイズ）、紀伊國屋書店（運営委託）
百貨店事業	マークス&スペンサー（フランチャイズ）、デベナムズ（フランチャイズ）、そごう（商標貸与）、ジャワ（直営）

注）リーボックに関しては、ミトラ社はライセンス生産も行っており、またその専門店をインドネシア、フィリピン、ベトナム、インド、マレーシア、シンガポール、タイで計172店舗展開している。
出所）ミトラ社資料により筆者作成。

業である。インドネシアでの紀伊國屋書店（二店舗）の運営権や、イギリスの老舗百貨店「マークス&スペンサー」、それに「デベナムズ」や「スターバックス」などのフランチャイズ権を取得して展開しており、マタハリに次ぐ国内第二位の売上（二〇〇四年）を誇る小売グループを形成している。さらに同社は、マークス&スペンサーをフィリピンやインドでも展開する権利を獲得して国際化も進めている。アジアでは、このようなライセンスを媒介とした小売国際化の動きにも着目する必要があるといえよう。

表6－4は、ミトラ社がインドネシア国内でのフランチャイズ権を取

得している主要なブランドである。

アジアのショッピングセンターを歩いていると、海外の小売業やブランド店が多数進出している姿を目の当たりにするが、その背後にはフランチャイズでの国際化という「しかけ」が潜んでいることにも留意すべきであろう。これも、消費市場の国際化を進展させる重要なメカニズムの一つなのである。

8 ハイパー時代を先導するカルフール

マタハリ百貨店やラマヤナ百貨店あるいはヘロ・スーパーといった中間層の中～下層の消費者を対象としている小売業にとって、最大の敵はカルフールなどのハイパー業態である。近年では、かなりの売り上げを奪われているとされる。カルフールは売り上げ規模で二〇〇三年に国内第四位に成長し、危機感を募らせた地元業者が自らも次々とハイパー業態に参入するという事態を生んでいる。

表6－5は、インドネシアの主要外資の状況である。インドネシアは、一九九八年三月まで卸売・小売分野への外資の投資を禁止してきた。そのため、それ以前の進出企業は、資本をともなわない技術提携の形で参入してきた。インドネシアには、当初は日系小売業が進出したが、ヤオ

表6－5　インドネシアの主要外資小売業の動向

小売業名	母　国	進出年	業態	店舗数	進出形態	備　考
（そごう）	日本	1990	D	6	商標貸与	2001年営業権譲渡。商標貸与のみ。
（ヤオハン）	日本	1992	GMS	（1）	技術提携	1997年撤退
マクロ	オランダ	1992	C&C	15	技術提携	
（西友）	日本	1995	D	（1）	技術提携	商標「SEIBU」、1997年撤退
（ウォルマート）	アメリカ	1996	SC	（3）	技術提携	1999年撤退
（アホールド）	オランダ	1996	SM	（22）	子会社	商標「トップス」、2003年 ヘロに譲渡
デレーズ	ベルギー	1997	SM	42	子会社	商標「インドマート」
カルフール （プロモーデス）	フランス フランス	1998 1998	HM HM	15 （3）	合弁 合弁	1999年カルフールと合併

注）（　）内は撤退企業。2004年時点。
出所）各種資料により筆者作成。

ハンや西友は立地選定の失敗から業績が伸びなかったためにすでに撤退している。欧州から最初に進出したグローバル小売業は、かつての宗主国オランダの会員制卸売業「マクロ」であった。一九九二年の開業以来、一般消費者への販売も行いながら現在までに一五店舗を展開してきた。しかし、近年はカルフールなどに押され気味で、卸売業に特化する方向とされる。その要因は、たとえ僅かな額であっても会費制という縛りをもつ業態そのものにもあるとされる。
要するに、消費者は安い商品を求めて店舗を渡り歩いているのであり、そのような機会主義的な消費スタイルには会員制はミスマッチとされるのである。なお、マクロに続いて一九九六年に進出したウォルマートは、翌年の通貨危機によって一九九八年初めには早々と営業を停止し、翌一九九九年に撤退してしまった。

カルフールの一号店が開店した一九九八年は、この国の小売業にとって一つの転機となった。この年は、前年の通貨危機の影響が顕著に現れた不況のどん底の年であり、高いインフレ率、失業者の急増、スハルト政権の崩壊と暴動の発生、公共料金の値上げや最低賃金の大幅値上げによるコスト高など、どこを見ても最悪の環境であった。しかし、その不安とは裏腹に、カルフールは通貨危機後の低価格志向やここ数年来の消費市場の拡大の波に乗って売り上げを伸ばしており、インドネシアの現地法人はカルフール・グループのなかでももっとも収益性が高い海外子会社の一つとされている。カルフールは、二〇〇五年の三月に日本市場から撤退したが、その理由の一つに経営資源を成長著しいインドネシアと中国の市場に振り向ける狙いがあったとされる。

このカルフールの快進撃は、多数の小売業をハイパー業態に参入させる結果をもたらした。インドネシアのハイパーの草分け的な存在は、地元資本の「アルファ」や「ゴロ」である。もともとはマクロのような大型卸売業であったが、近年は一般消費者向けのハイパー化が顕著である。また、食品スーパーチェーンのヘロも、二〇〇二年にハイパー業態に進出し、現在では「ジャイアント」を一〇店舗展開している。ジャイアントは、香港の親会社である「デイリーファーム社」がマレーシアやシンガポールで成功させているハイパーである。ジャカルタ首都圏では、五つの小売業が五四ものハイパー店を出店しており、インドネシアはいよいよハイパーブームに突入したといえよう。

なお、近年、インドネシアでは小型スーパーの成長もめざましく、二〇〇四年の一年だけで全国に一五〇〇以上も増大し、五六〇〇店余りに達したとされる（ACニールセン調べ）。最大チェーンは「ライオン・スーパー・インド社」が展開する「インドマート」で、一九九七年に進出したベルギーの「デレーズ社」が地元のスーパー・インド社を買収（五一パーセント）して展開するチェーンである。インドマートは、ジャカルタを中心に四二店舗を展開している（二〇〇四年末）。

9 大型店の規制の時代へ

このようなハイパー業態の急成長は、当然のことながら中小零細小売業に大きな打撃を与えている。とくに、ジャカルタのカルフールやジャイアントなどは、店舗立地が郊外ではなく都心部のショッピングセンター内に立地しており、郊外に出る交通手段をもたない低所得者層を取り込んでいる。それだけに、周辺の個人商店への影響も大きい。

インドネシアの労働組合や小売協会などは、これまで政府にゾーニング規制などの出店規制措置を要望してきたが法的な規制はなされてこなかった。以前から、公営の在来市場《いちば》から二・五キロメートル内は出店が認められない規定はあったが、現実的にはそれを無視して認可が続けられてきた。しかし、二〇〇四年の後半あたりから、ついに規制の議論がはじまっている。内容の詳細はまだ明らかにされていないが、ジャカルタでのハイパーの出店凍結や既存店の営業時間の制限のほか、今後拡大するであろう地方都市への出店規制も盛り込まれたとされている。これが実施されると、タイ、マレーシアに次ぐ三番目の大型店規制国となる。

10 カキリマから見えるもの

ところで、インドネシアの風景のなかではずせない存在となっているのが、街のあちこちで見かける「カキリマ」と呼ばれる小型の屋台の存在である。カキリマとは「五本足」を意味し、二の車輪と一本のスタンド、売り手の二本足の計五本足で移動しながら商売をすることをさす。飲料、バクソー（肉団子スープ）、ナシゴレン（焼飯）、アイスクリーム、菓子類、フルーツなどの食べ物がほとんどではあるが、それぞれのカキリマは専門特化しており、「あのカキリマは何を売っているのか」と見て回るだけでも楽しい。

このような屋台が発達した理由としては、以下の六つが挙げられる。

❶台所をもたない人々が多く、外食に依存せざるを得なかったこと。
❷たとえ台所があったとしても、暑くて調理などできないこと（現在でも家庭で調理をするのは台所にクーラーが備わった家かメイドのいる家くらい）。
❸冷蔵庫がなく、冷たいものが手に入りにくいこと。
❹目の前で調理してくれるので素材や調理を確認でき安心感があること。
❺なじみになるとサービスをしてくれたりツケがきくこと。
❻小資本で開業が可能なため貴重な就業機会を提供していること。

アジアで広く見られる屋台は、つまるところ居住環境、所得水準、ライフスタイル、就業環

「庶民の台所」と呼ばれるカキリマ（ジャカルタ）

境などを映す鏡としてとらえることができる。つまりは、市場の脈絡の一断面でもある。今後、カキリマがどのように変化していくのか、注意深い観察が必要となる。

第7章 フィリピンの消費市場

鮮度の高い生鮮品を扱うことで知られるマニラの市場《いちば》

1 「楽園」のその後

かつてフィリピンは、日本人にとっては近くて気軽に行ける楽園の一つであった。観光地として名高いセブ島は、日本人向けのホテルやゴルフ場、レストランも整備され、安心できるリゾートとして人気を集めた。しかし、近年では、旅行会社の前に並ぶ大量のパンフレットのなかからフィリピンのものを探し出すのに苦労するほど、観光地としての地位が低下している。セブ島にしても、近年ではゴルフ好きの韓国人御用達のリゾートになってしまった感もある。その要因の一つは、二〇〇一年一〇月に日本の外務省が、フィリピン全土を一時的に危険度2の「渡航是非の要検討」（ミンダナオは危険度3「渡航延期勧告」）に引き上げたことにあり、これによって日本からの団体ツアーが停止してしまった。現在、マニラ大都市圏やセブ島などは危険度1の「注意喚起」に戻されているものの、それでも日本人観光客は激減したままである。

しかし、もっと大きな要因となっているのは、近年のフィリピンのイメージが日本人には決してよくないことである。マニラからのニュースも犯罪がらみの暗いものが多い。そもそもフィリピンは、一九八〇年代以降の急速なアジアの経済成長からとり残された感も強く、都市部における貧富の格差も大きい。日本への出稼ぎ労働者も相変わらず多く見られる。さらには、度重なる政権交代による政治的混乱やイスラム教徒が多いミンダナオ島の反政府活動などが爆弾事件や誘拐などのテロ事件を頻発させて、そのイメージをいっそう暗くしている。

このような、経済発展の遅れや政治的不安定がもたらすカントリーリスクは、ほかのアセアン諸国には見られないこの国の特性であり、それが市場の脈絡に与える影響も小さくない。ここでは、歴史的経緯、気候特性、経済発展の遅れや貧困問題などがどのように消費市場に投影され、どのような市場の脈絡を形成しているのかを見ていきたい。

2 出稼ぎ大国の消費市場

フィリピンは、七一〇〇以上の島々からなる人口約八〇〇〇万人の国家である。工業化が遅れているフィリピンでの小売業の相対的な地位は高い。GDPに占める割合は二〇〇〇年以降四〇パーセントを超えており、消費支出に占める割合も六〇パーセント以上である（二〇〇三年）。小売市場の規模は二〇〇三年で約三・八兆円、近年は毎年一〇パーセント余りの伸びを示している。しかし、市場は「メトロ・マニラ（Metro Manila）」と呼ばれるマニラ首都圏（一二市五町、総人口約一〇〇〇万人）に集中しており、小売販売額の約三〇パーセントは首都圏でのものである（ユーロモニター社資料）。

この傾向は、所得と消費支出額にも現れている。**表7－1**は、その地域的動向である。一九九

表7－1　地域別の世帯所得と世帯支出額（2000年）

（単位：ペソ）

	世帯所得	世帯支出
全国平均	144,039	118,002
メトロ・マニラ	300,304	244,240
（マカティ市）	534,058	423,023
ベスト2地域		
リサール（Rizal）	246,286	199,376
カビテ（Cavita）	196,401	160,334
ワースト2地域		
マスバテ（Masbate）	61,611	54,186
南アグサン（Agusan del Sur）	67,104	58,751

出所）National Statistics Office "2000 Family Income and Expenditures Survey" から抜粋。

〇年代以降、メトロ・マニラの所得と支出額は国平均の二倍以上の値を示しており、とくにマカティ市（Makati）の所得の高さが目立つ。所得が高い地域はマニラのあるフィリピン北部のルソン島に集中しており、一方で所得の低い地域は南部の島々に集中している。最貧地域とメトロ・マニラとの格差は五倍以上に及んでいる（マカティとの格差は八・六倍以上）。この地域間格差が地方や離島からマニラへの人口移動圧を強め、マニラに多数のスラムを発生させる要因となってきたといっても過言でない。

ただし、この国の消費市場を見る際には、海外への出稼ぎ労働者からの送金の影響も忘れてはならない。工業発展から取り残されたフィリピンにとっての最大の武器は、植民地の歴史が残した英語力であった。英語が話せることを生かしたフィリピン人の海外居住者は二〇〇三年時点で約七七六万人（比外務省推計）とされ、そのうち約二七〇万人強が永住者で、約五〇〇万人強が一時居住者とされる。永住者でも本国への送金をする人が多い（とくにアメリカから）ので、全体のかなりの部分が「出稼ぎ者」といってもよかろう。

同じの英語圏である香港やシンガポールに「住み込みメイド」として出稼ぎをする女性が多いことは有名であるが、一方で雇い主によるフィリピン人メイドへの暴行・虐待といった人権問題も絶えない。また、出稼ぎは、単純労働者にとどまらず大学を出た技術者などにも多く見られる。近年は医療・看護系の専門労働力の出稼ぎも増大し、それが海外からの送金額の増大に寄与している。

このような出稼ぎの実態からすれば、日本への出稼ぎは特異なパターンといえる。ほとんどが女性であり、しかもダンサーなどの芸能活動者に与えられるエンタテインメント資格で入国する人々（実際には、単なる接客業に就く女性も多い）が圧倒的だからである。このあたりからは、逆に日本のゆがみが見えてくる。

海外出稼ぎ者からの送金は実に八四〇〇億円を超えて(1)GDPの五パーセント相当額に達しており、貿易収支の赤字分を埋めてもなお余りあるとされる。換言すれば、フィリピンではそれだけ多くの世帯が海外からの少なからぬ送金を受け取っていることになる。消費市場の拡大を語る際

---

(1)　二〇〇三年のアジア開発銀行による値（一アメリカドル＝一一〇円で計算）。フィリピン中央銀行によると、二〇〇五年一月～六月に海外の労働者が送金した額は、前年同期比で二一パーセントも増大し、五三〇〇億円に達している（日本経済新聞、二〇〇五年八月一七日付）。

には、この海外からの送金の増大あるいは変動の影響を無視できない。

昨年、イラクに出稼ぎに出たフィリピン人がテロリストに拘束され、その解放のために政府が軍隊を撤退させる事件が起きた。海外への出稼ぎが国民生活を支える国だけに、政府がそれへの対応を誤って国民の不審を買うことは、政権にとっては命取りとなる。人質に対する日本政府の対応との差の要因は、このあたりにも見いだせよう。

3 保護主義政策と小売国民化法

この国の消費市場を見る場合は、歴史的な経緯に触れざるを得ない。フィリピンは一五世紀以来スペインによる植民地支配を受けたが、一八九八年に起きた米西戦争におけるスペイン敗戦の結果アメリカに割譲され、以後はアメリカの植民地としての歴史が第二次世界大戦まで約五〇年間続いた。

フィリピンは戦時中の日本統治を経て一九四六年にアメリカから独立を果したが、その後もアメリカは「フィリピン復興法」を定めて支援を行い、フィリピンもアメリカ企業に内国民待遇(2)を与えたことから、アメリカ企業による工業化が進んだ。それにより、一九五〇年代のフィリピンはアジアの工業国といえる位置にあった。また、アメリカの強い影響は消費生活にも及び、第二次世界大戦後のマニラでは、アジアのどこの国よりも早くスーパーマーケットやショッピングセンターが見られるようになっていた。二四時間営業のドラッグストア・チェーンが出現したのも一九六〇年代のことであった。

しかし、このような先進性は長続きはしなかった。アジアＮＩＥｓ諸国やタイ、マレーシアなどが輸出指向型経済への転換で急速な成長を遂げたのに対して、長期の植民地支配に対する反動からナショナリズムや保護主義的な政治姿勢が強く見られたフィリピンでは自国産業の保護や輸入代替政策が続き、国際的な競争力を失っていった。さらに、周辺国が急激な経済成長を遂げた一九八〇年代に、マルコス大統領による独裁体制下での政情不安が生じ、資本の流出と対外債務の増大を加速させたことも周辺国との格差を広げる要因となった。

流通業については、当初はアメリカの小売技術が入ってきたものの、反米運動の高まりもあって、一九五四年に「小売業国民化法（Retail Trade Nationalization Low）」が国会で可決されて一九六四年に施行されると、外資小売業が閉め出されて海外からの新たな投資の門戸も閉ざされてしまった。以後、フィリピンの小売業は経済の伸び悩みとあいまって停滞していった。一九九〇年代に周辺国で生じた小売国際化の波を受けなかった理由はここにある。

（2）　内国民待遇とは、国民と同じ待遇を与えること、外資としての規制がないことを意味する。

4 小売業自由化法とカントリーリスク

しかし、二〇〇〇年三月、ついに長年の懸案事項であった「小売業自由化法（Retail Trade Liberalization Act）」が成立した。これにより、実に三六年ぶりに外国小売業の直接投資が可能となった。これは、当時のエストラーダ大統領(3)の選挙公約の一つともなっていたほど大きな問題であった。しかし、これにより完全に自由化されたわけではなかった。以下のように、外資の参入条件は資本金別に異なっていた。

❶払い込み資本金が二五〇万ドル以上が原則。
❷七五〇万ドル以上の場合は一〇〇パーセント外資可能。
❸二五〇から七五〇万ドルの間の場合は最初の二年間は出資比率六〇パーセント未満、三年目から一〇〇パーセントも可能。
❹高級品販売は資本金二五万ドル以上で、一〇〇パーセント外資可能。

ただし、後述するサリサリ・ストア（Sari-Sari Store）(4)などの零細小売業態への投資は禁止されている。さらに、法の施行後一〇年間は仕入れ商品の三〇パーセント以上を国内製品とし、外資八〇パーセント以上の企業は営業開始から八年以内に株式の三〇パーセント以上を公開せねばならないとされた。このほかにも、本国の親会社が、①純資産が二億ドル以上ある、②過去五年間にわたって小売業としての実績を有する、③フィリピン以外の海外に五店舗以上を所有する、といった条件を満たす企業にのみ進出が認められた。

この小売自由化にいち早く反応したのが、フランスのハイパー企業のカルフールとカジノであった。しかし、エストラーダからアロヨへの政権交代(5)による政情不安、一一パーセントに達する高失業率による消費マインドの低下、外国人誘拐事件の多発、それに二〇〇〇年末に発生した空港や鉄道などでの五件の連続爆破テロなどが災いし、二〇〇一年初めには両社とも投資計画を中止する結果となってしまった。ウォルマートも進出を模索したようだが、結果的にはあきらめたとされる。結局、自由化後に進出した外資は、二〇〇一年五月に開業したアメリカ系会員制卸売業の「プライスマート」のみであった。

(3)　エストラーダ大統領は国民的な映画俳優で、映画のなかでのイメージと混同した貧しい庶民の人気を集めて一九九八年の大統領選挙に当選した。しかし、現実と映画の世界とは遠く、結局は政治腐敗と混乱を招いて二〇〇〇年に弾劾され失脚した。その後、二〇〇一年に現在のアロヨ政権が成立した。

(4)　タガログ語で「いろいろ」という意味。

(5)　アロヨは第九代大統領マカパガルの娘にあたり、官僚を経て一九九二年に上院議員に当選。その後、一九九八年にエストラーダ大統領の副大統領に就任した。二〇〇〇年のエストラーダの弾劾にともなって翌年大統領になった。二〇〇四年に再選を果たすが、公金を選挙に流用した疑惑が発覚し、二〇〇五年になって国民の間で辞任要求が高まった。同年七月には、閣僚八名が辞任を要求して辞職するなど混乱を招いている。

むしろ、自由化後の外資との競争を恐れた地元大手小売業は、先手を打つ形でマニラでの大型店の増設や地方都市への出店を進めた。さらに、後述のごとく一部の外資小売業と合弁をして取り込んでしまった地元小売業者も見られた。この結果、自由化されたにもかかわらず、かえって地元大手の支配力が高まるという皮肉な事態が生じている。

5 ショッピングセンターと財閥

ほかの東南アジア諸国と同じように、フィリピンにおいても消費者は熱帯の強い日差しや雨季のスコールの影響が及ばない快適な商業空間を求め、それが多くのショッピングセンターを生み出してきた。歴史的にアメリカの影響を強く受けたフィリピンでは一九五八年に最初のショッピングセンターが開業したとされるが、恐らくこれがアジア初のものであろう。既述のように、一九六〇年代初めには複合商業施設がマカティ地区に完成しており、現在は全国に大小約九〇余りのショッピングセンターが存在する。

フィリピンでは、主要な大型店を運営する小売企業とショッピングセンターの開発主体（不動産会社）とが同じ資本系列である場合が多いことから、両者が同時に発展してきたという歴史的特性がある。具体的には、ショッピングセンターも大型店チェーンもともに財閥系の企業が支配しており、小売業界は財閥が支配しているといっても過言でない状況下にある。

そもそもフィリピンでは、歴史的な経緯から昔はスペイン系の財閥が経済を支配してきた。有名なサンミゲル・ビールを所有していたソリアノ財閥[6]や、不動産・都市開発で成長したアヤラ財閥などがその代表格である。しかし、近年では華人系財閥の優位性が目立ち、「シー財閥」、「ゴコンウェイ財閥」、「タン財閥[7]」が三大華人系財閥とされる。これらのうち、小売業に大きな影響力を有しているのは「シー」、「ゴコンウェイ」、「アヤラ」の三財閥である。以下において順に紹介したい。

シー財閥

「小売王」の異名をとる当主のヘンリー・シーは、一九五八年にマニラの繁華街で靴店を開業した華人である。一九七二年にマカティ地区の複合商業施設の一角に、靴屋にちなんだ「シュー・マート（SM）」と名付けたデパートを出店して成功を収めたところから急成長を見せ、不動

(6)　名門のスペイン系財閥で、ルーツはアヤラ財閥と同じロハス商会。中核企業はサンミゲル・ビールであったが、戦後はフリピン航空の設立など華々しい活動を展開していた。現在では、サンミゲルも華人系財閥に売却し、往時の栄光はなくなっている。

(7)　現在のフィリピン航空のオーナーで、タバコ業界も支配している。財閥を率いるルシオ・タン氏はエストラーダ大統領に巨額の選挙資金の援助をしてきた人物で、エストラーダ時代は政権との癒着が批判された。

産、ホテル、銀行・保険と多角化を進めてきた。中核企業のシュー・マート・プライム・ホールディング社によるショッピングセンター開発と一体化させた小売業経営で成長した財閥といえよう。二〇〇四年末時点で一九のショッピングセンターを保有し、総床面積は二五〇万平方メートルに達し、六三〇〇を超えるテナントを管理している。

一九八五年に開発した「SMシティ・ノース・エドサ（SM City North Edsa）」は、フィリピンの大型ショッピングセンター時代の幕開けをもたらし、オルティガス地区に一九九一年に開発した総床面積三三万平方メートルの「SMメガモール」も同国最大の規模を誇っている。また、同社がショッピングセンター内に有するシネマコンプレックスは、一一九館、九万席を超える規模に達している。

フィリピンの小売市場をリードしてきた「SM百貨店」（メトロ・マニラ）

現在は、マニラ湾の埋め立て地にアジア最大のショッピングセンター「モール・オブ・アジア」を開発中であり、二〇〇五年中にも第一期分をオープンさせる予定である（三〇万平方メートル）。そして、それとは別に二〇〇五年に二つ、二〇〇六年に三つのショッピングセンターをオープンさせることになっている。同社は、一七五ヘクタールもの用地を確保しているとされ、その勢いはとどまるところを知らない。

ゴコンウェイ財閥

戦後コーンスナック会社からスタートしたが、一九八〇年代後半に株式の大量売買によって資本を蓄積して台頭した新興財閥で、食品製造事業（ユニバーサル・ロビーナ社）を中心に不動産、小売、繊維、金融、航空事業などに多角化してきた。なかでも、不動産会社「ロビンソンズ・ランド社」による「オルテガス（Ortigas）地区」の開発は有名である。同地区は新しいビジネス中心地であり、オフィスビルのみならずホテルやショッピングセンターなども開発されている。ロビンソンズ・ランド社は現在一一のショッピングセンターを所有し、総リース面積は五五万七〇〇〇平方メートルに及んでいる。小売事業はロビンソンズ・インクが統括しており、その下に百貨店（同国二位）、スーパーマーケット（同国二位）、ホームセンター（同国一位）、コンビニ（後述のミニストップ、同国二位）、などを展開している。

アヤラ財閥

不動産開発や金融を中心として発展してきたスペイン系の名門財閥である。日本の三菱グループが株式の一〇パーセントを出資している。アヤラの地位を不動としした事業は、何と言っても不動産会社「アヤラ・ランド社」による戦後の新都心「マカティ地区」の開発であった。アヤラはゴルフ場を隣接させた「フォルベス・パーク（Forbes Park）」などの高級住宅地と高層ビルの建ち並ぶビジネス街を一体化して開発し、富裕層や大企業を取り込むことに成功した。さらに、そこにホテル、劇場、レストラン、小売店などを備えたフィリピン初の複合商業施設である「マカティ・コマーシャルセンター」を一九六〇年代初めに開発し、フィリピンの小売シーンを一新した。

ショッピングセンター事業では先の二財閥と

多くの高級ブランド店が入る「グリーンベルト・ショッピングセンター」（マニラ・マカティ地区）

比べて保守的であり、現在五つのショッピングセンターの保有にとどまるものの、マカティ地区の「グロリエッタ（Glorietta）」や「グリーンベルト（Green Belt）」に代表される個性的で高級な物件開発を得意としている。この二つは、現在のフィリピンを代表する高級ショッピングセンターとなっている。

6 寡占化が激しい国内小売業界

フィリピンの小売業界は、少数の有力企業が寡占的に支配している。この寡占化は、以下の三つの要因がもたらした結果であるといえる。

❶長らく外資の進出が禁止されてきたため、競争が少ない状況下で国内の有力小売業が多様な小売業態にチャレンジしてノウハウを蓄積する余裕があったこと。

❷ショッピングセンターへの出店でないと集客力が期待できないため、ショッピングセンターを開発する資本力とノウハウを有する小売業が有利に市場を支配したこと。

❸ショッピングセンターを運営する企業が、集客力の高いテナント開発の一環として系列下に多様な小売業態を保有しようとしたこと。

表7－2は、現在の主要小売業の現況である。既述のように、SMグループやロビンソンズ・グループは財閥系であり、ショッピングセンターの開発とともに業態多角化も進めてきた。外資との提携や合弁も、その延長上にある。他方、ルスタン・グループは、一九五一年創業の独立系の小売グループ企業である。店舗数は少ないが、これまでに高級百貨店や高級スーパーを核に富裕層を取り込んできた（旗艦店はマカティの店舗）。近年は、ハイパー業態への進出など多角化も進めている。

なお、これら有力企業は外資とも合弁を組み、グループ内に取り込んでいる。たとえば、SMはマクロ（オランダ系キャッシュ＆キャリー、合弁、一九九六年開業、一一店）やワトソンズ（香港系ドラッグストア、合弁、二〇〇一年一二月開業、八〇店）と組んでおり、ルスタンは一九九七年からスターバックス（二一店）と、ゴコンウェイは二〇〇一年からミニストップ（日系コンビニ、合弁、二〇〇〇年一二月開業、一二一店）とそれぞれ組んで店舗展開を行っている。このようなかで、プライスマート（アメリカ系会員制卸売業、二〇〇一年五月開業、四店）は、小売自由化法以降、初の一〇〇パーセント子会社で進出を果たしている。

表7－2　フィリピンの主要小売グループの現況

	店舗名	業態	店舗数	創業年	備　考
SM	SM Department Store	D	19	1972	
	SM Supermarket	SM	15	1985	
	SM Appliance Center	SS	23	1991	
	Super SM Hypermarket	HM	2	2001	
	Homeworld	HC	17	1991	
	Watson's	Drg	80	2000	香港系(合弁)
	Makro	C&C	13	1996	オランダ系(合弁、36%)
ルスタン	Rustan Department Store	D	6	1951	
	Rustan Supermarket	SM	21	1970	
	Shopwise	SC	3	1998	
	Marks & Spencer	D	11	1997	英国系（フランチャイズ）
	Starbucks	外食	11	1997	米国系（合弁）コーヒーショップ
ロビンソンズ	Robinsons Department Store	D	20	1980	
	Robinsons Supermarket	SM	14	1968	
	Robinsons Abenson	AC	55	1982	
	Handyman	HC	41	1994	
	Big R	SC	6	2001	
	Mini Stop	CVS	100	2000	日系(合弁、56%)

注1）D：百貨店、SM：食品スーパー、AC：家電センター、HM：ハイパーマーケット、SC：スーパーセンター、C&C：キャシュ・アンド・キャリー、Drg：ドラッグストア、HC：ホームセンター、CVS：コンビニエンス・ストア、SS：専門店

2）店舗数は2003年時点の数値をベースに、一部今年の数値に修正。

出所）各社ホームページおよび各種資料に基づき筆者作成。

7 サリサリ・ストアと「金持ちの理屈」

フィリピンの小売業を語る際にはずすことができないのが、街のあちこちに見られる「サリサリ・ストア」、いわば個人経営の零細な「よろずや」である。サリサリ・ストアは全国に一五万店以上あるといわれ、在来市場《いちば》を除いた食品小売業の販売総額の約九〇パーセントを占めるとされる（ニールセン、二〇〇三年調査）。サリサリ・ストアで売られる商品は実際には大型スーパーマーケットなどで調達（仕入れ）されており、その価格に一〇パーセント程度上乗せして売られている。卸売業の発展していない途上国では、このように大手の近代小売業が卸売機能を兼ねることがしばしば見られる。

その点で、会員制卸売業やキャッシュ&キャリーは途上国での存在意義が大きく、メトロ・マニラ周辺のサリサリ・ストア経営者の多くもマクロやプライスマートの会員とされる。日用雑貨品については、定期的に巡回してくる個人卸売業者から仕入れたり、後述の市場（パレンケ）あるいは会員制卸売業で仕入れられたりしており、やはり一〇パーセント程度上乗せして売られている。つまり、消費者にとっては大型スーパーよりも割高で買うことになるのである。また、その古ぼけた外観からは、食品などの商品管理がしっかりとなされているようにも見えない。先進国の常識からすれば、近代化の波のなかですぐにでも消滅しそうに見える。

ところが、サリサリ・ストアは、そのイメージとは裏腹に低所得者層を中心とする人々によって根強い支持を受けている。その理由は、酒類を含む飲料、加工食品、米、日用雑貨、タバコなど二〇〇品目以上にわたる幅広い品揃え、タバコの一本売りや米の量り売りに代表される少量販売、コミュニティに根付いた掛け売り、住宅地に数多く展開する立地の良さ、近隣住民の社交場・サロンとしての機能などに求めることができよう。とくに、少量・バラ売りや掛け売りといった販売手法は低所得者に大きなメリットを与えている。つまり、大型スーパーに買い物に行くにはバス代などの移動コストもかかるし、タバコ一本など購入する分量の融通もきかない。もちろん、顔なじみの「ツケ」で買うこともできない。ギリギリの日銭で暮らしている人々にとっては、近代小売業の利便性や合理

庶民の間に根強い人気を誇りコンビニと競合する「サリサリ・ストア」（メトロ・マニラ）

性は「金持ちの理屈」にすぎないである。(8)

また、経営者側にとっても、サリサリ・ストアは大きな利潤は生まないものの、学歴や技術を要さずに日銭が稼げる安定した職業の一つであり、所得レベルの低い社会においては生業として十分なものである。より高い収入を得られる職業への転職機会に恵まれない状況が続くかぎり、サリサリ・ストアは簡単には消滅しそうにない。近代的なコンビニがサリサリ・ストアを駆逐する日が近いというのは、単純な幻想といってもよかろう。

いまひとつ、庶民にとって重要な存在が生鮮食品などを扱う在来市場《いちば》である。フィリピンでは、道路沿いに露天商が連なって店を出す近隣型の市場を「タリパパ」、大きな屋根の下に商人を集めて管理する地域型の市場を「パレンケ」と呼ぶ。鮮度、安さ、購入量の自由度などが売りであり、スーパーマーケットの発達にもかかわらず生鮮品の流通の大部分を占めるチャネルとして健在である。

ただし、パレンケも近年は曲がり角にさしかかっている。政府の民営化推進策によって公営から大手ディベロッパーの経営に変わりつつあり、それにより家賃が数倍に高騰しているからである。家賃が払えず市場から出ていくことを余儀なくされた業者も多く、それらは道ばたのタリパパ商人に転身している。その数は、メトロ・マニラとその周辺地域だけでも数千を下らないとされる。

8 「ミリエンダ」の国のコンビニ

フィリピンでは、近年まで外資が規制されてきたこと、物流基盤の未整備、多数のサリサリ・ストアの存在などもあってコンビニの発達は遅れてきた。地元のフィリピン・セブン社がアメリカのセブンイレブンのフランチャイズ権を取得したのは一九八四年であったが、二〇年を経た二〇〇五年一月時点でも二五七店しかなく、タイなどと比べると一桁少ない。同社は、外資が自由化された二〇〇〇年一〇月に台湾でセブンイレブンのフランチャイズ権を有する統一超商（プレジデント・チェーンストア）によって株式の五〇・四パーセントが取得されているが、物流システムなどの点で課題も抱えているとされる。

一九九〇年代以降はコンビニ業界に多数の新規参入が相次ぎ、シェルやカルテックスなどによるガソリンスタンド併設型のコンビニも登場し、二〇〇〇年には日本からもミニストップが進出した。しかし、地元チェーンは物流システムの未整備や根強いサリサリ・ストアとの競争などか

(8)　サリサリ・ストアの機能については、野沢勝美（一九九九）「庶民の雑貨店、サリサリ・ストア」（『アジ研ワールド・トレンド』No.48）や、野沢勝美（二〇〇一）「小口経済：庶民が支えるサリサリ・ストア」（大野拓司・寺田勇文編『現代フィリピンを知るための60章』明石書店所収）を参照のこと。

ら二〇～三〇店で頭打ちになるところも多く、一九九〇年代末ごろから業界の再編も進んできた。現在は、ガソリンスタンド系を除けば、実質的にセブンイレブンと日系のミニストップの二社に絞られつつあると見てよかろう。

ミニストップ（ロビンソン・コンビニエンス・ストア社）は、ゴコンウェイ財閥五六パーセント、三菱商事四〇パーセント、ミニストップ四パーセントの出資で二〇〇〇年に設立された。店舗面積は日本より一回り小さい一〇〇平方メートル前後で、品揃えも二一〇〇アイテムと少な目であるが、店舗は三年余りで一〇〇店に達して順調に発展し、早くも黒字化が射程に入ったとされる。同社の特徴は、日本でも得意とするファーストフードとのコンビネーション業態で出店していることである。ファーストフードを店内で食べるテーブル席も設けられ、レ

ファーストフード店の要素を取り込んで人気を集める「ミニストップ」のレジ（メトロ・マニラ）

ジカウンターもファーストフード店の趣である。

実は、この戦略にはフィリピン特有の事情が関係している。フィリピンには、「ミリエンダ(Mirienda)」と呼ばれる一日二回「おやつ」をとる習慣がある。午前は一〇時、午後は三時で、会社においてもこの時間に休憩をとることが義務づけられている。ミリエンダでは、小さなサイズのスナック類や揚げ菓子、少量のヌードルなどの「おやつ」が好んで食べられる。ミニストップもこれに目をつけ、ピロシキに似た「カリマン」と呼ぶ揚げ菓子などの人気商品を開発してきた。現在、店内で加工調理されたファーストフード類の売り上げは総売上の一五パーセントを占めるに至っている(日本のミニストップでは九パーセント程度)。もちろん、ファーストフードの売り上げはほかの商品の「ついで買い」にも波及する。コンビニとファーストフードとのコンビネーション業態は、フィリピンのコンビニ市場における独自のポジションをミニストップに与えており興味深いところである。

9　外食ガリバー「ジョリビー」

このミリエンダの習慣は、外食市場も拡大させている。フィリピンには、ミリエンダ向けのちょっとした「おやつ」類を出す屋台やレストランが見られる。一般のレストランにおいても、ミリエンダの時間にかぎって少量のメニューを安く提供する店も多い。

ところで、フィリピンの外食産業といえば、海外でも知られる「ジョリビー」を抜きには語れない。同社は一九七五年にアイスクリーム店からスタートしたが、現在は年間六三〇億円を超える売り上げを達成し、国内のファーストフード市場の六〇パーセント近くを占めるとされるガリバー企業に成長した。同社は、ハンバーガーショップの「ジョリビー」だけで、**表7－3**に見るように五二三店（海外含む）も出店しており、系列下にあるチェーン全体では国内一〇七二店、海外一一六店に達している（二〇〇五年三月時点）。また、豊富なキャッシュフローを生かしてM&Aも行ってきており、二〇〇四年三月には中国のファーストフード・チェーンを買収し、中国大陸にも進出している。

マクドナルドを寄せ付けないほどの人気の高さを誇る「ジョリビー」（メトロ・マニラ）

表7－3　ジョリビー・グループの現況

店舗名	主要商品	国内店	海外店	備　考
Jollibee	ハンバーガー	501	22	1977年1号店開業
Greenwich	ピザ	212	0	1994年買収
Delifrance	ベイカリー	32	0	1995年FC権取得
Chowking	アジアフード	312	8（米国）	2000年買収
Yonghe King	中華	0	86（中国）	2004年買収（中国企業）

注）店舗数は2005年3月末の数値。Jollibeeの海外出店先は、米国（カリフォルニア）、香港、ベトナム、ブルネイ、ドバイ、グアム、サイパン。
出所）各種資料に基づき筆者作成。

これに対して、ハンバーガーショップの本家ともいえるマクドナルドは、一九七〇年代にフィリピンに進出してきたものの、いまだに二五〇店程度とジョリビーの半分程度の規模でしかない（ちなみに、日本は約三九〇〇店余りで世界二位）。ジョリビーの強さの秘密は、フィリピン人好みの甘口の味付けにこだわった結果だとされている。たしかに、フィリピン人は甘口の料理を好む傾向が強く見られる。また、ハンバーガーだけではなく春巻き、スパゲティ、フライドチキンとライスのセット、バーガーステーキとライスのセットなどボリュームのある多彩なメニューも売り物となっていて、家族連れでの「食事の場」となっている。

マクドナルドは先端的なアメリカを味わえるもののハンバーガーしか出さないために、消費者には「ミリエンダには向いているが、価格の割に量が少ない（食事にならない）」という不満の声が、とくに子どもを連れて夕食時に来店する親たちから聞かれる。フィリピンでは、マクドナルドなどの店はファーストフード店ではなく先端的なレストランとして受け入れられているようであるが、結局、現時点ではマクドナルドはメニューや味付けを大胆に変更することもなくジョリビーの後塵を拝している。

ジョリビーは、基本的なシステムや店舗の雰囲気はマクドナルドにそっくりで、シェイクやパイ、春巻きなどもあってミリエンダにも対応しており、しかも本格的な食事も楽しめる。まさに、地元消費者の心をつかんだ戦略といえよう。また、同社は海外出店にも近年は力を入れており、アメリカ（カリフォルニア）、グアム、サイパン、ブルネイ、中国本土、香港、ベトナム、インドネシア、ドバイ（サウジアラビアからは撤退）などに出店している。進出先となった海外には、フィリピン人が多数出稼ぎに出ている国が多いことも興味深いといえる。

しかし、海外市場においてジョリビーの戦略（レストランとしての位置づけ）が受け入れられるかどうかは分からない。実際、海外でのジョリビーにはいまひとつ勢いがない。その理由として、ジョリビーを育てたフィリピンのローカルな市場の脈絡の個性が裏目に出ていることも考えられよう。このあたりに、外食国際化の難しさの一面を見てとることができる。

第8章 ベトナムの消費市場

ホーチミンの韓国系の高級百貨店「ダイアモンド百貨店」

1 バイクの波が教えるもの

ベトナムの代表的な風景といえば、道路を埋め尽くすバイクの群れであろう。朝夕の通勤時間帯ともなれば、街中がバイクの洪水となる。一般に、二輪車は公共交通機関が未発達の途上国市場でよく売れる。とくに、都市部においてもバス網が未発達のベトナムでは、バイクなしでは移動手段がない。自家用車は高くて手が出ないということもあるが、バイクは何より整備が簡単で耐久性にすぐれ、燃費がよいのが利点である。たとえバス網が発達していたとしても、バイクはバス代よりも一キロ当たりの移動コストが格段に安いことからなかなか廃れない。

ベトナムには、日系も含めて多数のバイク工場があるが、ベトナム国内で保有されているバイクは二〇〇四年末で一一三八万台とされ、全世界の八パーセントを占めている。道路がバイクだらけになるのも無理はなかろう。アジア諸国のバイク保有状況は**表8−1**のごとくである。台数は中国がトップではあるが、一〇〇〇人当たりではタイ、マレーシア、そしてベトナム、カンボジアが多くなっている。しかし、公共交通の整備度の低さや自動車保有率からいえばベトナムやカンボジアはタイやマレーシアよりもかなり劣るため、その潜在市場は大きいと考えてよい。

ベトナムは、かつてはホンダの「スーパーカブ」が溢れていたカブ王国であった。ゆえに、「ホンダ」はバイクを意味する一般名詞でもある。今でもホンダのカブを見かけることは多いが、ヤマハやスズキも増えてきており、そこには台湾製のヤマハも混じる。さらに近年では、バイクといってもデザイン性にすぐれたスクーターへのシフトも進んでおり、各社とも新しいモデルを投入している。とくに目立つのが中国

表8－1　東南アジアの二輪車市場

順位	国	保有量（千台）	千人当たり保有量（台）
1	インドネシア	18,061	85.6
2	タイ	16,500	260.1
3	ベトナム	10,000	125.4
4	マレーシア	5,609	233.6
5	カンボジア	1,609	125.8
6	フィリピン	1,468	17.9
参考	中国	43,308	33.9
	日本	13,540	106.3

出所）アセアン日本センター資料。
原資料）世界自動車統計年報2004年版。

朝夕の通勤時間帯は、道路がバイクで埋め尽くされる（ホーチミン）

製のものである。というのも、価格がホンダの三分の一程度だからである。とはいえ、「ホンダ」ブランドへのあこがれは強く、中国製のバイクにホンダのエンブレムを貼り付けたものも多く見かける。

中国製が急増したのは、一九九〇年代後半に政府が大量に中国からの安いバイクを輸入したことが要因とされる（組み立てはベトナム企業）。しかし、それによりバイクの台数が増え過ぎたことから政府が、二〇〇二年九月に突然部品の輸入制限を開始した。このため、日系の二輪メーカーの工場が一時的に操業停止に追い込まれるという事態ともなった（交通事故増加のためとされるが、真の狙いは国内バイクメーカーの保護にあったとする見方もある）。また、二〇〇三年一月からは登録を一人一台に制限する規制も実施されている。さらに、三人乗り規制や免許不携帯の取り締まり、保険加入の強化など、さまざまな取り締まりを厳しくしはじめた。

しかし、それでもやはりバイクは唯一の生活の足であり、娯楽であり、ステイタスシンボルであり、そして財産（東南アジアでは預金するより貴金属などの商品に換える傾向が強い）でもあることから、所得の増大にともなってバイク購入熱は上昇する一方である。また、最近は所得レベルが上昇したことから三五万円前後もする輸入高級スクーターにも人気が出てきている。二〇〇五年の当初二ヵ月だけで輸入バイクの台数は三〇〇〇台に達し、すでに昨年一年間の半分に達している。

ところで、交通手段と消費との間には密接な関係がある。メジャーな交通手段が何であるのかで、消費者のモビリティ（可動性）の特性が決まるからである。ベトナムの場合は、公共交通機関の代替としてバイクが普及しており、どこに行くにもバイクが使われることで買い物のための移動距離は長くなっている。バイクで五分も走れば数キロは移動できる。しかも、移動コストも安い。つまり、小売業には結構遠くからでも客が来るのである。これは、単に商圏が広いということだけを意味しない。広域で買い物をしている消費者は、広域で店舗の比較（安売りなど）もしている。要するに、小売店間の競争も広域化しているということになる。

とはいっても、「荷物」と「雨」というバイクの泣き所もある。まず、大きな荷物は積めないので、一回当たりの買い物の量は少なくなる。車での買い物であれば、トランク一杯のまとめ買いや大型商品の購入などはまったく問題とならないが、バイクでの買い物だと、まとめ買いやバイクに積みにくい嵩高の商品は自然と敬遠される傾向となる。また、雨についていえば、乾季は問題がないが、ベトナムでは雨季には毎日必ずスコールがある。短時間で止むとはいうものの、雲行きが怪しくなってくると消費者の移動はにぶくなる。走っている最中に雨に見舞われた人はポンチョをまとって走るが、わざわざ雨のなかに出ていく人は少ない。さらに、海抜が低く水はけが悪いハノイなどでは道路が冠水する所も多く、雨季と台風シーズンとが重なる八月は小売業にとっては客数が低下する季節でもある。

交通基盤・移動手段を取り巻く環境や気候条件が消費者行動にどのような影響を与えて、それがこの国の市場の脈絡にどうつながっていくのか、注意深くとらえる必要がある。

2 犬を食べるハノイ、食べないホーチミン

さて、一九八六年に「ドイモイ（刷新）政策」を導入したベトナムは、社会主義を維持しつつも市場経済化を進めてきた。一九七〇年代末から一九八〇年代にかけては、カンボジア侵攻やボートピープル問題で国際的な非難を浴びて長らく国際社会から孤立してきたが、一九九〇年代に入ると急速な経済成長を見せるようになった。とくに、一九九四年にはアメリカの経済封鎖も解かれ、翌年にはASEANに正式加盟したことで成長に勢いがついた。世界銀行の予測では、二〇〇五年の経済成長率は七・五パーセントと昨年の七・七パーセントからは少し落ちる見通しであるが、それでもアジアでは中国に次ぐ高さを維持している。

このベトナムの特性は、二つのプライメイト・マーケット（首座市場、第9章参照）が存在することである。それは、北のハノイと南のホーチミン（旧サイゴン）である。要するに、消費市場としてはこの二都市が突出しているのである。現段階ではホーチミンのほうが市場のパイが大きいが、両者の間には質的に大きな差が見られる。ハノイはかつての北ベトナムの首都であり、長らく社会主義の中心地でもあったため、消費中心というよりも政治中心的な色合いが強く、生活も質素である。それに対してホーチミンは、経済や商業の中心としての色彩が強く、富裕層も多い。小売業を見ても、ホーチミンではスーパーなどの出店ラッシュに沸いており、欧州系の外

資小売業も店舗を増大させてきているが、ハノイの小売近代化はまだはじまったばかりで、これからといったところである。

そもそも、ベトナムの北部と南部は歴史的にはまったく異なる地域であった。北部は一〇世紀まで中国の支配下に置かれ、その後は独立国となるものの、中国の諸制度や風習を積極的に取り入れて南方の「小中国」として歩んできた歴史をもつ。ハノイは、中国からの独立王朝である李朝時代から一八世紀までの首都であった。一方、ホーチミンはもともとカンボジア領であった。ベトナムに属するようになるのは一七世紀中ごろにベトナム中部に成立した広南国にメコンデルタが占領されて以降のことであるから、ベトナム下で受けた中国化の期間も比較的短い。

さらに、フランス統治時代は中国の影響の排除が進められ、漢字使用が禁止されてローマ字化が進められた。ローマ字表記の「クオック・グー（国語）」と呼ばれる現在のベトナム語は、この時期にできたものである。そのため、ベトナム人の生活習慣には北部を中心に中国文化が色濃く残るものの、漢字を読むことができないので中国からは新たな文化を導入できなくなった。

また、第二次世界大戦後の南北分裂時代にはホーチミンは華僑の経済拠点となり、さらにアメリカ文化の影響を強く受けた。これに対してハノイは、社会主義国家の首都として、物質文明とは一線を画した政治活動の中心となった。このような歴史的な経緯の違い（市場の脈絡に影響を与える要素）は、結果的にこの二つの市場に小さくない差をもたらしている。

たとえば、食習慣をとっても、中国の影響を長く受け続けたハノイでは中国南部の伝統である犬食・猫食の習慣が広く残るが、ホーチミンでは見られない。南北では料理もかなり異なるし、味付けも北部は塩味が強くて濃厚である。その違いには、互いになじめないものがあるとされる。さらに、食に対する情報や意識にも差が見られる。たとえば、日本ではかなり以前に食卓から姿を消したグルタミン酸系調味料も北部ではまだ大量に使用されているが、南部ではその量が極端に落ちてきている。ハノイで一皿に振りかけている分量が、ホーチミンでなら一鍋に使用する分量と同じともいわれている。

それほどホーチミンでの消費量が減少しているのは、健康に悪いという根拠のない噂が原因とされる。この類の噂は、これまでに世界各地で何度も繰り返し生まれては消えているが、科学的な根拠はまったくなく、一種の都市伝説的なものである。しかし、ホーチミンの市民がこの噂に大きく反応している事実は、食の安全や健康に対する意識が南部ではかなり高まってきていることを示唆する。同時に、ハノイではまだそのような意識が成熟していないこともうかがえる。情報や意識の差が、市場のパイを大きくも小さくもする例と見ることができよう。

3 道ばたのフランスパン売りとコーヒー

ベトナムは、一八八三年のフエ条約によって実質的にフランスの植民地となり、以後は第二次世界大戦時の日本統治時代までフランスの支配を受けた。サイゴン（現ホーチミン）が「東洋のパリ」と呼ばれたことも、よく知られるところである。しかし、現実にはフランスの面影は町並みのなかにも大して残ってはおらず、人々の意識のなかにもフランスへの憧れは強くない。フランス語が話せる人も、世代的には七〇歳代後半から八〇歳以上の高等教育を受けた人のみであり、その数は非常に少ない。南部では、むしろアメリカの影響のほうが強い。それはベトナム戦争時代の名残りというより、サイゴンが陥落する直前に多くの富裕層あるいは親戚・縁者たちがアメリカに逃避したことで形成された、つながりや親近感による影響が大きい。

ただし、食文化においてはフランス植民地時代の名残りも見られる。たとえば、フランスパンが普及していることはハノイもホーチミンでも同じで、ハノイでは売り子がパンの入った大きな籠を頭の上に乗せて売り歩くし、ホーチミンでは道ばたに積まれて売られている。街角では、フランスパンにチーズやソーセージ、野菜などをはさんだ「バンミー（Banh mi）」と呼ばれるサンドイッチの屋台も見かける。また、オープンカフェも多い。このオープンカフェが定着した背景には、近所の人たちが戸外で集ま

道ばたで売られるフランスパンは人々の生活の中に定着している（ホーチミン）

って話をしながら食事をするベトナムの伝統的なスタイルによくマッチしていることもあったと考えてよかろう。その点では、フランスのカフェがもっている歴史的・文化的な意味はない。また、そこで出てくるコーヒーは、パリのカフェの定番であるエスプレッソではなく、コンデンスミルクが入ったベトナム式のコーヒーなのである。ベトナムのカフェは、まさにローカルな脈絡によって異なる意味づけをされたうえで同化されているといえる。

ただし、カフェがコーヒー産業をベトナムの地で成長させた点には注目すべきである。いまや、ベトナム人の生活にコーヒーは欠かせない存在となっている。中部の高原で生産されたロブスタ種のコーヒー豆（フランスのカフェで出てくるものと同じ）は、香りが少なくて苦みが強いもののミルクとはよく合い、カフェオレにも向いている。生産量はブラジルに次ぐ世界第二位であり、近年では重要な輸出品となっている。

一九九六年にこのベトナムコーヒーのカフェ・チェーンをはじめた地元企業が「チュングエン」である。同社は、ベトナム国内ですでに四三〇店舗以上を展開し、二〇〇二年以降は、日本、シンガポール、タイ、カンボジアにも出店している。コーヒーはグローバルな飲料といえるが、その飲み方や楽しみ方は世界でかなりのバラエティが認められる。今後、このベトナム・コーヒーをどのような脈絡で世界に広めるのかが注目されよう。

4 ようやくやって来たスーパーマーケット時代

ベトナムの消費を支えるチャネルは、「チョー（Cho）」と呼ばれる伝統的な市場《いちば》が圧倒的多数を占めている。小売市場《いちば》のみならず、卸売市場《いちば》も活況を呈している。加工食品の場合も、まだ九〇パーセント以上がこの市場《いちば》ルートで市場に供給されている。生鮮品に至っては、一〇〇パーセントにかぎりなく近づく。政府の統計によると、国内のチョーの数は八七五一ヵ所もあるが、スーパーマーケットはその多くが一九九〇年代以降にできた零細規模のもので、その数は全国でようやく一六〇〇店に達した程度だとされる(1)。

さて、ベトナムに小型のスーパーマーケットが登場したのは一九九三年のことであった。その意味では、小売業の近代化はまだ一〇年余りの歴史しかない。しかし、近年のホーチミンやハノイでは、すでに大型スーパーマーケットの台頭がめざましい。また、一九九〇年代末からは外資の大型小売業も見られるようになってきた。まず、一九九八年にはフランス資本のブルボンが地元企業との合弁により大型のハイパーをホーチミンに出店し、昨年からはタイで「ビッグC」というハイパーを運営するフランス系のカジノの資本も入り、タイと同じ店舗名（旧店舗名は「コ

(1)　Nhan Dan Newspaper（二〇〇五年三月一五日付）。

ラ」）で四店運営している。また、二〇〇一年には、会員制卸売業「メトロ」もホーチミンに二店舗、そしてハノイとカントーに一店舗ずつ出店している。これまでは、地元も外資もホーチミンに出店が集中してきたが、最近になってようやくハノイにも大型店舗が見られるようになってきた。ビッグCも二〇〇五年二月にハノイ郊外に一店舗出店し、メトロもハノイに二号店を出すと報じており、すでにハイフォン市にも新店舗を建設中である（二〇〇五年七月時点）。

これに対して、地元の大型スーパーマーケットも健闘している。とくに、在来市場《いちば》的な生鮮品の売り場構成で人気を高めているのがホーチミンを中心に展開している「コープマート」である。同社はすでに一四店舗に達しており、その売り上げはホーチミンの近代小売販売総額の半分を占めているともされるリーディングカンパニーである。今後は、ハノイなど北部にも進出する予定とされる。地元資本も外資系資本も八割はベトナム製品を扱っており、両者の差はほとんどない。さらに、外資系は販売規模が小さいため、仕入れ原価面での優位性を確保できていない。むしろ、地元資本のほうが、品揃え的にも店舗構造的にも地元の消費者の心をとらえているように見える。

このような状況のなか、日本の小売業はというと、残念ながら現時点では皆無となっている。一九九九年にはハノイに西友が三菱商事とともに実験店を出したが、流通基盤が未整備な国での食品スーパー事業には限界も多かったとされ、二〇〇五年初めに台湾の統一グループに譲渡された（新店舗名は「ユニマート」）。統一企業グループは、台湾で最大の食品メーカーで、台湾セブンイレブンも運営している企業である。さらに、日本からはハンバーガーチェーンのロッテリアも一九九八年に進出している（二〇〇五年七月時点で一〇店舗）。立ち上げは日本本社が行ったが、その後の実質的な運営は韓国ロッテリアに移行されており、包装紙やロゴにハングルを使ったり、メニューのトップにプルコギ・バーガーを載せたりするなど、韓国系チェーンのイメージを前面に出している。ベトナムには、フィリピンからジョリビーが一九九六年に来ているものの四店舗と少なく、何よりマクドナルドがまだ進出していないことから、(2)ロッテリアはハンバーガーショップのトップブランドとしての地位を確立している。

また、百貨店でも外資の台頭が見られる。ベトナムで唯一の本格的な高級百貨店とされるホーチミンの「ダイアモンド・プラザ百貨店」も韓国系である。同市の都心の国営百貨店跡には、マレーシアの「パークソン百貨店」も二〇〇五年に進出している。日系百貨店としては、一九九七年からホーチミンで商業・オフィス用ビルの経営を行う「はせがわ」（仏壇の製造販売企業、本社福岡）が一九九九年から自社ビル内で直営していた「ニャットナム百貨店」（六一四〇平方メートル）があったが、現在では百貨店経営からは手を引いている（現在の店舗名は「ゼン」）。

(2)　ケンタッキーフライドチキン（KFC）は進出済みで、二〇〇五年春時点でホーチミンを中心に一一店舗を展開しているが、二〇〇四年には鳥インフルエンザの影響で全店舗の一時的閉店にも追い込まれるなど業績が伸び悩んだ。その後は、鳥以外のメニューも加えるなどして対応している。

表８－２　ベトナムの主要小売業（2005年）

店舗名	母国	業態	店舗数	備考
コープマート	ベトナム	SM	14	1996年設立
マキシマーク	ベトナム	SM	5	
シティマート	ベトナム	SM	5	
ビッグC	フランス	HM	4	1998年進出。旧店舗名コラ
メトロ	ドイツ	C&C	5	2002年進出
ダイヤモンドプラザ	韓国	D	1	2000年進出
パークソン	マレーシア	D	1	2005年進出

注）地元の SM は、商品構成の 4 割程度が日用雑貨や軽衣料品。

急速に店舗数を増やしつつある地元資本の大型スーパー「コープマート」（ホーチミン郊外）

いずれにしろ、現在のベトナムの消費市場においては、日本の小売業の陰はまったく感じない。また、周辺国に進出しているカルフールやテスコなどの陰もない。その点では、まだ様子見の市場といえるかもしれない。しかし、ベトナムの小売業の発展は急速に進む兆しを見せており、今後はアジアの注目市場の一つとなることは間違いなかろう。

5　インスタントラーメンが売れる理由《わけ》

小売業では日系の勢いはないが、日本の消費財はさまざまなものが市場に入ってきている。その一つに、インスタントラーメンがある。ベトナムの大型スーパーでは、さまざまなインスタントラーメンが通路の両側を延々と占領している光景を見かける。よく見ると、タイ風のトムヤムクン味、韓国風のキムチ味、日本風の醤油味、中国風の排骨味のものなど、多彩である。市場に行くとインスタントラーメン専門の店があり、多様な商品を山積みにしている。

世界のインスタントラーメンの消費量は**表8－3**のごとくであり、絶対量では中国がダントツではあるがベトナムも第六位に入る。一方、一人当たりの消費量で見ると韓国がトップとなり、ベトナムは第四位に浮上する。ベトナムでインスタントラーメン市場が拡大した理由は、価格の安さ以外に三つある。まず、地元では朝食に「フォー」と呼ばれる米粉でつくった麺が食べられ

表８－３　世界のインスタントラーメン市場（2003年値）

順位	国名	需要量（億食）	１人当たり需要量（食）
1	中国	277	17.5
2	インドネシア	112	52.1
3	日本	54	45.0
4	アメリカ	38	13.5
5	韓国	36	75.0
6	ベトナム	23	28.1
7	フィリピン	22	26.8
8	タイ	17	26.9
9	ロシア	15	10.4
10	ブラジル	11	6.2

注）１人当たり需要量は、2004年総人口を基に筆者計算。
出所）日清食品のホームページを改変。
原資料）ラーメン協会調査結果（2004年３月）。

市場《いちば》の中にはインスタントラーメンの専門店がある

ているが、その代替品として広がった。次に、経済成長によって共働きが増えたことで、手間が掛からず、留守番をしている子どもでもつくれる食品として広がった。さらに、ベトナムではサッカーが国民的な人気を博しているが、欧州のサッカー中継が時差の関係から深夜に放送されるため、それを観戦しながら夜食として食べる風習が広がった。ワールドカップなどの大きな大会になるとケース単位で買い込む家庭も多く、ここにもローカルな脈絡が垣間見られる。

現在、ベトナムで絶対的な人気を誇るインスタントラーメンといえば「Hao・Hao」シリーズである。このラーメンをつくっているのは、ベトナム国内でシェア六〇パーセントを占めるエースコック・ベトナム社である(3)。エースコックは、当初は中国で生産拠点づくりをめざしたが、中国特有のさまざまな問題が生じたことで方針転換を行い、ベトナムに拠点を移して成功した。中国で反日運動が吹き荒れた二〇〇五年春以降、中国以外の国に第二の拠点形成を行おうとする企業や中国での経営環境に不満をもつ企業からにわかに注目を集めた。生産拠点形成と市場占有の両方に、そして同時に成功した珍しい事例としても注目できる。

同社が設立されたのは一九九三年で、ラーメンの生産が開始されたのは一九九五年のことであった。当時は、すでにベトナム市場には地元産のラーメンが多数出回って定着していたが、材料

(3)　本書のベトナム・エースコック社に関する記述は、同社において二〇〇五年六月に行った波江章一社長へのインタビューに基づいている。

の悪さや製法技術の低さから品質は低かった。そこで、国営の総合食品メーカーが、ラーメンの新たな技術導入を目的にエースコックに合弁を申し込んできたのが進出のきっかけであった。

しかし、高品質商品をつくろうとすると、原材料の九五パーセントを日本からの輸入に依存せざるを得ず、価格は他社の商品が八〇〇～一〇〇〇ドン（約六～七円）であるのに対して同社のものは二〇〇〇ドンを超えて倍以上の高さとなった。当然、売り上げは伸びず、国内シェアは七～一〇パーセント程度が限界で、それ以上は伸びなかった。「美味しいけれども高い」、「高級ラーメン」、それが同社の製品に対する消費者の評価だった。換言すれば、ちょっと贅沢な気分に浸りたいときに食べるラーメンであった。

インスタントラーメン業界でトップを走る「エースコック・ベトナム」の本社工場（ホーチミン）。日本でおなじみの豚のマークは、イスラム対応により子どものマークに変更されている。

ところが、一九九〇年代末になると、ラーメンの国内市場が拡大してきて、国内の製粉メーカーが欧州から輸入した新たな生産設備を導入するようになった。その結果、材料の品質が大きく向上し、国内で九五～九八パーセントの材料が調達可能となった。そこで、品質はそのままで価格を二分の一にした戦略的新商品を開発し、シェアを一気に向上させる試みがはじまった。

こうして、二〇〇〇年秋に開発されたのが先に述べた「Hao・Hao」シリーズであった。これにより、市場参入以来、五年間にわたって「美味しいけれども高い」といわれてきた同社のラーメンが「美味しいのに安い」に大転換した。この転換が爆発的なヒットにつながり、一つしかなかった生産ラインがどんどん増設されて、いまや一五ラインに達している。工場も合弁先の国営工場の敷地の片隅にあっただけのものが、現在では五つの独立工場に発展した。その結果、一九九九年までは月間一〇〇〇万食の生産であったものが、二〇〇五年には月間一億五〇〇〇万食に急拡大している。

6 「Hao・Hao」シリーズが教える成功の秘訣

「Hao・Hao」シリーズのヒットは「割安感」だとされる。しかし、この「割安感」とは何かについて改めて考えると、重要なことが見えてくる。エースコックは、最初に高級（高品質）な企業ブランドイメージを構築したあとに、品質を下げずに廉価版を発売したことで「割安感」を市場内に創出した。しかし、もし市場参入時から安くて品質が良い商品を提供していたら、これほどまでのヒットを生んだであろうか。メーカー側が、比較の基準が形成されていない段階の市場に対して勝手に「割安」だと思う商品を投入することと、市場が「割安」だと当然の成り行きとして（脈絡の必然として）判断することとは、似て非なるものがある。

途上国市場における多くの先進国企業は、現地の消費者の判断を待たずに、先回りをして「先進的」と称した身勝手な商品を投入する傾向が見られる。それが先端的なものであるからだというのが理由であるが、それは、現地市場の消費者が望んでもいないのに母市場での経験や歴史を押しつけていることにほかならない。たとえば、日本市場での成功経験は、あくまで日本の市場が有するローカルな脈絡に沿った経験である。日本でその商品開発に至った経緯は、日本の消費市場や日本の消費者の発達の歴史そのものであり、それは日本の市場の脈絡とともに長年メーカーが歩んできた到達点でもある。

その点からすると、「Hao・Hao」シリーズの成功は次のように理解できないか。つまり、エースコック・ベトナム社は、まずは自社の高品質ラーメンを五年間かけてベトナムのラーメン市場の脈絡のなかに同化させ、高級ラーメンとしてのポジションを確立した。そしてそのうえで、その市場の脈絡に沿って「Hao・Hao」を発売して「割安感」を創出して成功したのではないか。重要なことは、当初の五年間はただ停滞していたのではなく、さまざまなタイプの麺や多様な味のラーメンを市場投入しながらベトナムの市場の脈絡との同調（シンクロ）を探ってきたことである。その五年間があったからこそ、現在の成功があると見てよい。「Hao・Hao」シリーズを突然市場投入しても、ここまでの急成長は望めなかったであろう。

7 品質との闘い

ただし、途上国市場でメーカーが高品質を消費者に保障することはそう簡単なことではない。ベトナムでは、流通システムが未発達であることから、商品のほとんどが全国で七〇〇から八〇〇社もあるという地場の問屋を通して販売されている。高品質ラーメンは同社の独占市場であったため、ほとんどの食品問屋が同社と

大成功を収めたハオハオ・ラーメンとキムチ・ラーメン（国内向け）

の取引なしではラーメンを売れないまでになっている。

しかし、問屋はその多くが家族経営的な小零細問屋である。また、問屋の販売先もほとんどが市場《いちば》内などにある零細な個人商店である。このような流通システムのもとでは商品管理もいい加減になりがちで、とくに賞味期限の管理がおざなりになる場合が多い。品質の落ちた古い商品が消費者に流れると、せっかくの高品質ラーメンのブランドイメージが損なわれ、メーカーの信頼も落ちる。

そこで、エースコック・ベトナム社では、問屋に対しては、同社のコンピュータで取引先ごとに販売した商品の賞味期限と発注状況（商品の流動状況）を管理している。そして、売れ残りの在庫を抱える問屋には担当者が出向いて在庫の賞味期限をチェックし、早く売れるように値引き販売を指導して、その値引き分を奨励金として問屋に補填している。値引き販売が無理なほど期限が迫った商品は、同社が引き取って新しい日付の商品と無償で交換している。また、小売店に対しても、各県に二〜三人の臨時調査員を配置し、バイクで担当エリア内の全小売店を巡回させて店頭商品の賞味期限をチェックさせ、古い商品は無償で新しいものと交換しているのである。

このようなやり方は同社がベトナムで考えた方式であるが、これもローカルな市場の脈絡への対応といえる。

8 インスタントラーメンはグローバルか

インスタントラーメンは日本生まれであるが、いまや世界中で食されている。世界ラーメン協会の調査では、二〇〇三年の世界の総需要量は六五二・五億食とされる。国別では、中国が二二七億食、インドネシアが一一二億食、日本が五四億食、アメリカ三八億食、そしてベトナムは二三億食である（二一〇ページの**表8－3**を参照）。上位のほとんどはアジア諸国であるが、近年は欧州でも需要が伸びつつあるとされている。

この状況を反映するように、インスタントラーメンの本家でもある日清食品は世界各国で実にさまざまなご当地カップヌードルを出している。ドイツではトマト味、アメリカではチキン味、インドではマサラ味（カレー）、そしてブラジルではスープがないものも売られている。これらは、市場適応化の姿のようにも見える。

他方、エースコック社は、近年、ベトナムを拠点にアメリカ市場や中・東欧市場への輸出に注力している。同社がベトナムを拠点に輸出に注力するには訳がある。ベトナムでは、かつて南ベトナム政府が陥落する直前の一九七〇年代中ごろに大量の富裕層や事業家が海外に脱出した歴史がある。行き先は、アメリカ、カナダ、欧州などで、現地で実業家として活躍している人も少なくない。欧米を拠点にして、新興市場であるロシアや中・東欧市場に進出している実業家も多い。ベトナム企業が海外進出するにあたっては、そのような人たちのネットワークが重要なサポート機能を果たしてくれるのである。同社も、ベトナム企業としてそのネットワークを活用している。

さて、エースコック社の輸出用のものも、やはり味・ネーミング・麺がすべて国ごとに異なる。同社には、開発部員が五〇人おり（全員ベトナム人）、国内向け、国外向けを問わず、市場特性に応じた多様なラーメンを開発している。インスタントラーメンの食され方には各国でかなりバラエティがある。アジアでは、インスタントラーメンは単品でメイン料理として食されている。おやつ代わりでもあるが、ほかのものと一緒に食されるという機会は少ない。フィリピンでは、ミリエンダ用（第7章）に少量サイズのカップヌードルがよく売れたりもする。

これに対して、欧米ではインスタントラーメンはスープの一種として食されている。そのなかにパンを浸して食べる人も少なくない。したがって、麺は少なくしてあり、またスプーンで食べられるように短くしてある。スープは欧米では基本的な料理ではあるが、調理に時間がかかる食べ物でもある。したがって、それがインスタント化された「効用」は日本人の想像を超える大きさがある。これが、欧米でインスタントラーメンの市場が形成される脈絡の一つの要素である。欧米のスーパーの店頭では、インスタントラーメンはスープのコーナーに並べられている。

こんな話もある。ベトナム・エースコック社からドイツ市場に輸出した「キムチラーメン」が非常に好評だというので調べてみると、現地では「パプリカがよく効いてうまい」という評判であった。日本で売られるパプリカは、赤や黄色の肉厚ピーマンで辛さはないが、ポーランドを原産とする種類のパプリカなどは非常に辛く唐辛子と似ている。ドイツでは、それをソーセージに入れたりしており、味にはなじみがあった。キムチは知らないが、キムチの辛さをパプリカの辛さに置き換えて受容していることが分かったのである。つまり、ラーメンは明らかに異国のオリエンタルな食品なのだが、それでいて「パプリカが効いた」「スープ」として、キムチラーメンを消費しているのである。ドイツのローカルな市場の脈絡が、異なる脈絡のもとでつくられた商品をうまく受容した好例である。インスタントラーメンがなぜ全世界に市場を拡大しつつあるのか、その理由の一端が理解できるであろう。

インスタントラーメンは、消費される市場ごとにその味や麺を自在に変化させている。その点では、現地適応化が進んだ商品にも見える。しかし、それは東洋のラーメンのコンセプトを残しながら味付けや麺に修正が加えられているにすぎない。むしろ、ドイツのキムチラーメンのように、「多様な市場の脈絡に耐えて（脈絡を超えて）」（第1章5節参照）受容されている実態に注目したい。その点では、インスタントラーメンはまさにグローバルな商品だといえよう。ここにも、グローバル化と市場の脈絡との関係、何より市場の脈絡への同調（シンクロ）の重要性が見てとれるのである。

第9章

東南アジア市場がわかる七つの扉

ジャカルタの「プラザセナヤン・ショッピングセンター」

1 市場の脈絡を探るための七つの扉

第1章で述べたごとく、市場の脈絡は固定的なものではないし、また市場に参入しようとする主体との関係性のなかで成立しているものでもある。その意味では、脈絡を把握するために、まずは「どこの国」の「どんな主体」が「どのようなもの」をその市場にもち込もうとするのか（受容させようとするのか）ということを確定する必要がある。

その次には、参入しようとする市場の「どこ」あるいは「何」に着目するのかが問題となる。すなわち、何を手がかりに市場の脈絡を探り出すのかということである。これについては、以下の七つのファクターを手がかりにすればよいのではないかと筆者は考えている。ここでは、これらを市場の脈絡を探るための「扉」と呼ぶことにしたい。

❶気候　❷民族・人口　❸宗教
❹市場分布　❺歴史的経緯　❻政策
❼所得

要するに、これらの「扉」を開けながら、その市場にもち込もうとするものに対して、市場の脈絡がどのような影響を与えるのかを考えねばならないのである。以下、それぞれの「扉」を順に開けながら、東南アジア市場の脈絡を見ていきたい。

2 気候の扉から見えるもの

東南アジアの気候問題は、何と言っても気温の高さと雨季・乾季の存在に収斂しよう。ただし、それらが市場に与える影響には直接的なものと間接的なものとがある。たとえば、気温が高い（常夏）ことが与える直接的な影響は、衣料品で見た場合は冬物衣料品の市場がないとか、家電製品の場合では一年中クーラーや扇風機が売れるといったことが挙げられる。百貨店などの小売業の経営からとらえれば、年中夏物衣料が中心なので、衣料品の売り上げ構成や利益率が低くなる反面、季節の変わり目の在庫調整は不要となり、シーズンオフの在庫一掃セールもしなくてよいことになる（シンガポールなど）。このような直接的な影響は比較的分かりやすい。

しかし、間接的な影響はやや複雑である。それは、消費者のモビリティ（移動性）や社会インフラを中間項として影響を与えるからである。たとえば、日本でなら半径五〇〇メートルとされるコンビニの商圏も、マニラでは一五〇メートルで考えられている（第6章）。バンコクでヒヤリングをした際には、「買い物では一〇〇メートル以上は歩きたくない」という地元消費者の声を聞いたこともある。日差しや暑さから、長距離を歩く気がしないということである。また、雨

（とくに激しいスコール）の多さは単に人を濡らすだけではなく、排水が悪い多くの東南アジアの都市の道路を冠水させ、交通を遮断してしまうこともある。小売業にとっては商圏が分断され、ベトナムでも触れたように小売業の経営に深刻な影響を与えることもある。

また、第2章や第4章、第7章などでも述べたが、東南アジアの気候特性は、とくにショッピングセンター建設の促進剤として機能してきたことは重要である。日本人はショッピングセンターを「買い物空間」としてとらえるが、東南アジアではむしろ「冷房付き屋根付きの都市空間」であり、必ずしも買い物行動とは結びついていないことには留意すべきである。東南アジアのショッピングセンターでは、何も買わずただブラブラしている人々をしばしば目にするが、彼らは、家族や友人同士で涼みに来ているのであって買い物をしに来たわけではない。したがって、軽食をとったり飲料を買ったりする程度の消費がせいぜいなのである。その違いが読めないと、市場の脈絡もとらえることができない。

3 民族・人口の扉から見えるもの

東南アジアでは、まずは華人問題が広く存在している。とくに、流通業や消費市場を牽引しているのは華人であることから、その動向を抜きには市場を語ることはできない。その数は、インドネシアに六五〇万人、タイに六一〇万人、マレーシアに五二〇万人、シンガポールに二〇九万人、フィリピンに一二〇万といったところである。最大の華人国であるインドネシアはジャカルタに二〇〇万人も集中しており、一大勢力となっている。

しかし、一口に東南アジアの華人といってもその内容は多様である。東南アジアの華人の多くは中国の広東省や福建省の出身者なのであるが、よく見ると、広東語、福建語、潮州語、客家語、福州語、海南語など言語的には細かく分かれており、それぞれのグループが別々のネットワークを形成している。また、移住の歴史的経緯も複雑であり、日本が台湾を支配するまでは台湾に住んでいた東南アジアの華人も多い(1)。したがって、現在でも台湾とそれらの国々との間は独特の結びつきがある。人口移動が市場の脈絡に影響している問題は何も過去のことばかりではない。第7章で見たフィリピンにおける出稼ぎ問題なども、大きな影響を与えている例であろう。

また、先住民との関係でいえば、すでに述べてきたようにマレーシアやインドネシアでは対立関係が見られる。その対立関係は、政策の問題に収斂しさまざまな影響を市場の脈絡に与えてきた。それは、マレーシアのブミプトラ政策であり、インドネシアでこれまでとられてきた華人への弾圧政策である。ちなみに、シンガポールの華人はマレーシアやインドネシアからの二次移住者が多い。その背景には、何かと圧迫を受ける両国の華人（第4章、第6章）にとっては、シン

(1)　顔　尚強（二〇〇四）『シンガポールの華人社会について』シンガポール日本人商工会議所。

ガポールが安住の地と見られきたことがあるとされる。しかし、東南アジアのなかでもタイでは混血が進んでおり、そのような問題は起きていない。

また、第3章〜第8章では具体的には触れる余裕がなかったが、人口の年齢構成が市場の脈絡に影響をもたらすこともある。日本では晩婚化や少子化が問題になっているが、それはシンガポールでも深刻なものとなっている。二〇〇三年時点の合計特殊出生率は、日本が一・二九であったのに対してシンガポールは一・二五とさらに低い。日本同様、女性の高学歴化や社会進出による晩婚化、養育費の増大などが要因とされている。ただし、シンガポールでは早くも一九八四年から高学歴女性の出産に対する所得減税を実施しており、現在ではさらに出産に対するボーナス制度もある。(2) とはいえ、さまざまな政策にもかかわらず出生率の低下は止まらない。総人口が四〇〇万人と少ないだけに、その影響は日本よりも深刻である。このような少子化が、近い将来、この国の市場の脈絡を大きく変えることは間違いないといえよう。

4 宗教の扉から見えるもの

東南アジアには多様な宗教があるが、とくに際だった影響を市場の脈絡に与えているのがイスラム教であろう。**図9−1**は、東南アジア諸国の宗教分布を示すものである。世界最大のイスラ

図9－1　東南アジア諸国の宗教分布

（各国政府調べたところによる。単位：%）

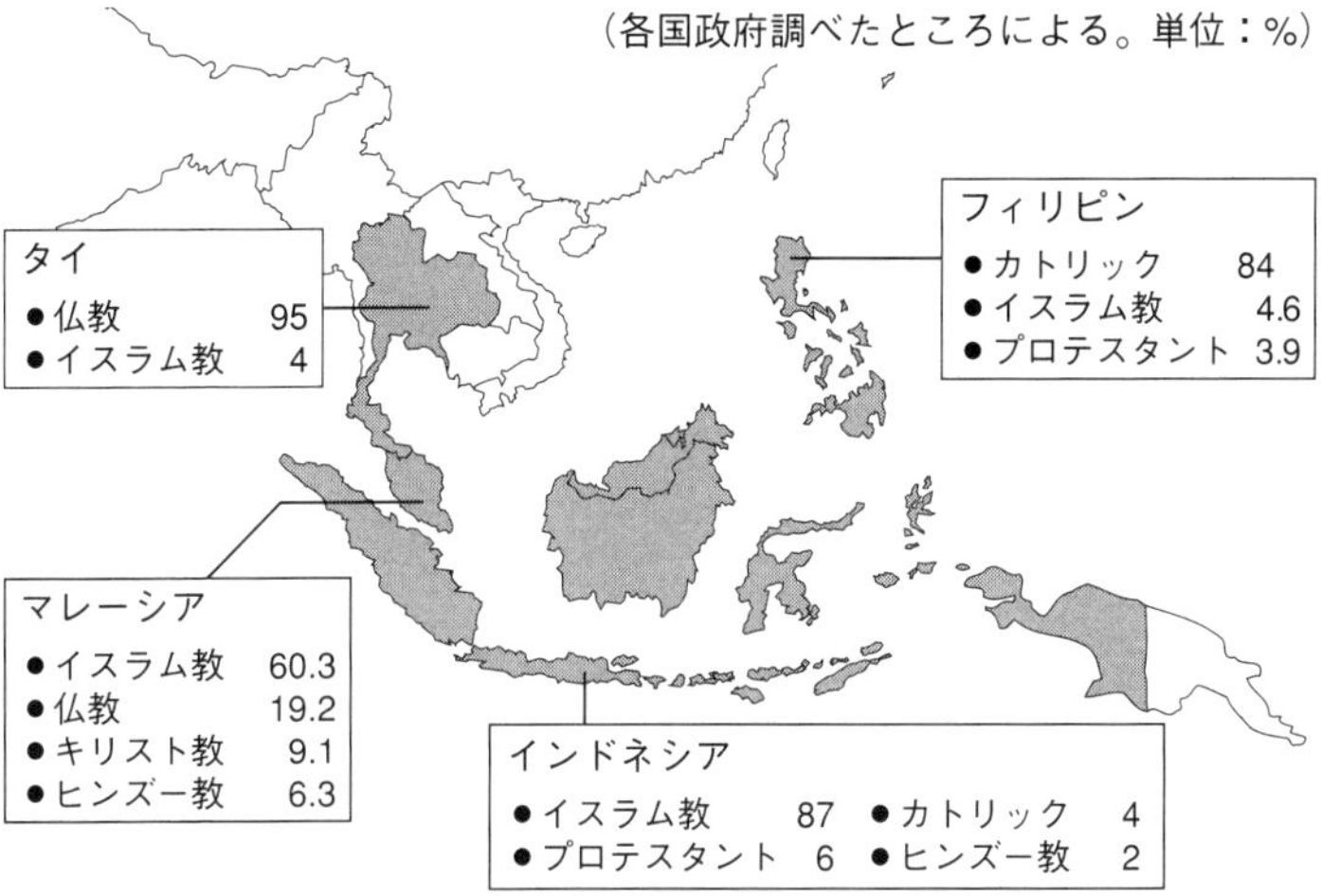

出所）日本経済新聞（2005年7月16日付）。

ム教国がインドネシアであることは案外知られていないが、イスラム教徒は東南アジアの各国に住んでいる。仏教国のタイにおいても、南部にはイスラム教徒が多い。さらに、キリスト教徒の多いフィリピンでも、ミンダナオ島にはイスラム教徒が集中している。

　特定の宗教を信仰する人が多い市場では、市場の脈絡もその影響を大きく受ける。単純なものとしては、イスラム教のラマダン（断食）月やレバラン（断食明けの

（2）　これまでは第二子に対して六年間で約五七万円、第三子に対して約一一四万円を支給してきたが、二〇〇四年からは第一子や第四子に対しても給付されることとなった。また、有給出産休暇を八週間から一二週間に延長したり、外国人メード雇用税の軽減など、優遇策を強化した。

大祭）が小売業に与える影響があるし、ハラール対応が食品販売や外食企業に与える影響もある。一方、仏教徒が多いことは、たとえば特定の食べ物に対する忌避がなく、どのような食べ物でも消費してしまうという、イスラム教徒とは逆の方向での影響を市場の脈絡に与えている。

イスラム教国で忘れてはならないことは、そこにはイスラム教の教義に基づいた「イスラム法」という、憲法やそのもとで整備された法体系とは別の法が存在していることである。たとえば、マレーシア、シンガポールでは「ムチ打ちの刑」がイスラム法に基づいて実施されており、インドネシアでも一部の州で二〇〇五年から導入された。また、ハラル食品をめぐる規制もこのイスラム法に基づいた規制である。それは、企業経営や金融の規制にも影響を及ぼしている。イスラム教国の市場の脈絡に与えるイスラム法の影響は、決して小さくないことに注意すべきであろう(3)。

ただし、一口にイスラム教といっても、地域によって、あるいは時期によって、教義の解釈やそれへの対応に多様性が見られる。中東地域のイスラム教も多様であるが、それと東南アジアのイスラム教とは同じではない。それは、マレーシアのイスラム教とインドネシアのイスラム教とを比べても同様である。戒律に対する厳格さもそうで、インドネシアでは豚肉に対するタブー意識は高いがアルコールに対しては比較的寛容な人が多いとされ、付き合いの場面では飲酒が許容されることもある。ただ、マレーシアでは以前よりもイスラム教の教義に忠実な若者が増えており、政府の政策にもイスラム回帰の傾向が見られるとされる。イスラム教の影響も、地域や時期との関係のなかでとらえていかねばならない。

5 市場分布の扉から見えるもの

一国内において、首都などの一都市に人口や経済活動の大部分が一極集中し、二位以下の都市と大きな差が形成されている場合、都市研究者たちはその一位都市を「プライメイト・シティ(Primate City)」(首座都市)と呼ぶ。プライメイト・シティでは、地方との経済的な格差によって、地方からの貧困層の流入によるスラム発生問題など多くの問題が発生しやすい。

東南アジア市場をとらえる際に重要なことは、各国にいわば「プライメイト・マーケット(Primate Market)」とでもいうべき突出した市場が形成されていることであろう。それは、二位以下の市場と大きな格差を呈している。程度の差はあるが、フィリピンにおけるマニラ、インド

(3) たとえば、インドネシアでは西洋の商法と慣習法、イスラム法の三つが混在しており、ビジネスに混乱を与えている。また、貸し付けの利子を取ることを禁じたイスラム法に基づいた「シャーリア銀行」も存在している。同国のビジネスにおいては、西洋的な側面とイスラム世界の側面との二重構造が成立していることには留意すべきである(概要は、ジェトロ(二〇〇二)『インドネシア　経済・ビジネス関連法調査報告書』を参照のこと)。

表９－１　１人当たり平均所得の地域間格差（プライメイト・マーケットとの格差）

タイ	バンコク 1.00	北部 0.17	北東部 0.11	中部 0.50	南部 0.23				
ベトナム	ホーチミン 1.00	ハノイ 0.69	紅河デルタ 0.39	北東部 0.30	北西部 0.22	中央海岸 0.33	中部高原 0.27	南部北東 0.69	メコンデルタ 0.41

注）タイは2000年値、ベトナムは2001～2002年値。バンコクはタイ「中部」に属し、ホーチミンはベトナム「南部北東」に属する。

出所）岡朋史（2005）「タイの地域間所得格差」（『所報』バンコク日本人商工会議所、520号）および日越貿易会編（2005）『2003年版 ベトナム統計年鑑』（ビスタピー・エス）をもとに作成。

ネシアにおけるジャカルタ、タイにおけるバンコク、マレーシアにおけるクアラルンプール、ベトナムにおけるホーチミンなども、プライメイト・マーケットといってよかろう。**表９－１**は、タイのバンコクとそのほかの地域、ベトナムのホーチミンとそのほかの地域との間の所得格差を示すものである。この二つのプライメイト・マーケットの所得と、そのほかの都市や地域の所得との格差は非常に大きいものがあることが分かろう。

　プライメイト・マーケットの問題は、たとえばインドネシアの場合、総人口は二億人を超えるが、大型店を多店舗展開するような小売業にとってはジャカルタ首都圏にしかまとまった市場がないことを意味する。当然、ほかの小売業もジャカルタに集中するであろうから、すぐに飽和状態となって過当競争が生じる可能性が大きい。それは、近年のジャカルタでのショッピングセンター・ラッシュを見ても想像に難くない（第6章）。結局、消費財メーカーで大手の小売チャネルに依存している企業は、プライメイト・マーケットからなかなか抜け出せないことにもなるのである。総人口数に目を奪われて、このような市場の空間構造を軽視すると、市場分布の偏りがもたらす脈絡への影響を見落とすことになる。

もう一つ、重要な市場分布問題は、マレーシアのところで述べた「モザイク市場」問題である。マレーシアでは、三つの民族セクターの住み分けが宗教や所得のモザイクとなって表出していた（第4章、**図4－2**）。しかし、これはマレーシアにかぎったことではない。東南アジアの大都市では、細かなエリアごとに所得レベルやライフスタイルが異なる人々がモザイク状に生活しており、小売業の立地選定を悩ませている。そしてそれは、小売業をチャネルとする消費財メーカーのマーケティングの問題ともなっている。これは、そのようなモザイク性がほとんど見られない均一性の高い日本の市場空間ともっとも異なる点といえよう。

6　歴史的経緯の扉から見えるもの

市場の脈絡には、しばしばその市場が歩んできた歴史的な経緯が影を落としている。その最たるものが植民地と宗主国との歴史であろう。その歴史的な関係が、日韓や日中のようにマイナスに働くことも多い。第5章で触れたように、シンガポールとマレーシアとの関係にもデリケートな歴史的経緯が見られる。

ただし、マレーシアやシンガポールとイギリスとの関係のように、かつての宗主国だからという反発がほとんど存在せず、むしろ旧支配国へのあこがれが市場の脈絡に強い影響を与えるケースもある。そのことが、イギリスから進出している企業や商品、制度の受容に貢献しているのである。相手国がどこであろうが、そもそも市場（国家）間には多かれ少なかれ歴史的な経緯が存在しているものであり、それが相手国から来た企業や商品のイメージを良くしたり悪くしたりしている。すなわち、同じ市場への参入であっても、どこの国から参入するのかで難しくもなり易しくもなる。

また、先の東南アジアの華人問題・移住問題をこの歴史的な経緯という視点からとらえることもできよう。さらには、第8章のベトナムで述べたように、サイゴン陥落直前のアメリカやオーストラリアへの大量移住という歴史的経緯が現在のベトナム＝アメリカ、ベトナム＝オーストラリアの市場関係に影響を与えていることも見逃せない。

7 政策の扉から見えるもの

そもそも現在の市場のグローバル化は、いわば政策がもたらした結果といえる。東南アジア市場においても、一九九〇年代中ごろまでは関税や投資規制など多様な壁が存在していた。その壁を一気に押し崩したのが通貨危機であり、国際通貨基金（ＩＭＦ）や世界貿易機関（ＷＴＯ）といった国際機関であった。近年では、二国間の自由貿易協定（FTA）が盛んに結ばれているが、そのことが二国間における市場の脈絡に小さからぬ影響を与えることは確実である。

国内における政策では、とくに外資の小売業からの投資に対する政策（規制も含む）が重要となろう。外資小売業に対しては、すでにタイやマレーシアで、都市計画法のもとでの土地利用規制や出店凍結が開始されていることは述べた。これは、今後のアジアでの出店規制が都市計画の枠のなかで行われる可能性が高いことも示唆している。

また、市場の脈絡に大きな影響を与える政策としては金利政策も重要である。タイ市場でも触れた東南アジア諸国におけるクレジットカード利用の激増は、政策による金利低下とセットになったものである（第3章）。また、金利上昇は何より住宅ローンの上昇につながることで住宅購入を控えさせる結果を招くことから、新築や転居にともなう耐久消費財（とくに家具や家電）の市場を縮小させることとなる。

さらに、資産バブルと密接な関係にある不動産関連の政策も注目される。資産バブルは、中間層の上部（いわば新興富裕層）の人たちに大きなキャピタルゲインをもたらすことが多い。キャピタルゲインによる臨時収入は、高級品の消費市場を拡大させることが、かつてのアジアバブルの時期にも経験的に確認されている。そもそも途上国は有効な投資先が少ないため、余剰資金が不動産部門に流入しやすく、資産バブルを起こしやすい構造がある。それゆえ、資産バブルに関連する諸政策は市場の脈絡に影響を及ぼしやすいものといえよう。

8 所得の扉から見えるもの

最後に、所得が市場の脈絡に及ぼす影響について整理しておきたい。一般には、市場の拡大は所得の増大がもたらすものととらえられている。それゆえ、所得の絶対的な増大を示す統計数値やそれに代わるＧＤＰの成長率が重視されるが、本書では、そのような数値はほとんど問題としていない。というのも、筆者は所得と市場との関係は基本的にはもっと複雑なものと考えているからである。もちろん、絶対額の増加がもたらす効果は否定しないが、市場の拡大はやはりローカルな市場の脈絡に沿った形で進行するものであり、所得の絶対額が増加したからモノが売れるわけではない。むしろ、筆者は所得の「配分」のほうを重視すべきと考えている。つまり、われわれは所得が増えようが減ろうが常に支出を何にどれだけ「配分」するのかを考え、その結果としてモノを買ったり買わなかったりしているのである。その意味では、市場ごとの「配分の仕組み」（配分とその変化のメカニズム）こそがとらえなければならないものと考えている。そして、その配分の仕組みに影響するものとして、割賦販売、クレジットカード、個人ローンが重要となることも忘れてはならないであろう。

ところで本書では、所得の上昇にともなって大量に生じたとされる、いわゆる「中間層」が市場に与える影響については触れてこなかった。中間層問題は、すでに拙著（一九九九、二〇〇〇）で議論済みであるが、結論的には、①「中間層」の定義が難しく、議論や分析のベースが確定できないこと、②「中間層」議論は社会学や政治学領域ではなされてきたが、意外にも市場との関係では正確な分析がなされてこなかったこと、③「中間層」という言葉から受けるイメージとは異なり、実際に市場を拡大しているのは「ニューリッチ」と呼ぶべき「新興富裕層」なのであり、先進国の小売業や消費財メーカーがターゲットとしている所得層もそのような層であること（その点では新興富裕層を議論すべき）、④何より、そのような曖昧な「中間層」からはローカルな市場の脈絡が見えてこないこと、などの点から本書ではあえて議論を見送った。新興富裕層が市場の脈絡に与える影響については、後続の「東アジア編」で改めて議論したい(4)。

9 「文化論」では見えてこない市場の脈絡

以上、駆け足ではあったが、東南アジア市場の脈絡を探るための七つのファクター（扉）を簡

（4）東南アジアの中間層を巡る議論は一九九〇年代に活発であったが、現在では中国市場における中間層問題に議論が移っている。アジアの中間層を分析したものとしては、服部民夫・船津鶴代・鳥居高編（二〇〇二）『アジア中間層の生成と特質』（アジア経済研究所）がある。

単に紹介した。しかし、本書を読んできた読者のなかには、本書でいう「ローカルな市場の脈絡」と、一般にしばしば指摘される「文化論」的な地域理解との区別がつかなかった人がいるかもしれない。「各国の消費市場を、『地域文化』として理解することもできるのではないか」、「ローカルな市場の脈絡とは、要するに『市場文化』、『消費文化』とでもいうべきものの言い換えではないのか」といった類の疑問をもつ読者も少なくなかろう。実際、海外のマーケティングの現場に行くと、「消費は文化ですね」といった担当者の感想をしばしば耳にする。たしかに、その言葉には深みがあり説得力があるゆえに、そのような表現は間違ってはいないと思う。

しかし、本書の特徴の一つは、実は「文化」という言葉を一切使わずに論を進めてきた点にある。筆者は、市場の脈絡と文化論とをかなり意識的に区別して論じてきたのである。そこで、最後にこの問題について触れておこうと思う。

一般に日本人は（筆者も含めて）「文化論」を好む傾向が強いように思える。極端にいえば、何に対しても「文化」というキーワードで理解し説明しようとする傾向も見られる。しかし、多くの人々が用いる「文化」という言葉は論者の数だけ定義があり、論者の数だけその内容にバラエティがあるといっても過言でない。「文化」という言葉をかなり絞り込んで慎重に使う人もいれば、かなり広く（曖昧に）使う人もいる。ところが、どのように使っても、「文化だ」といわれると何となく議論に深みが出る気がするし、また理解した気にもなる。そして、何となく会話や議論が成り立ってしまう点が文化論の利点でもあるし欠点でもある。

筆者は、消費市場を「文化」で説明すること自体を否定するわけではないが、その場合には少なくとも三つの問題点が存在すると考えている。

一つ目は、その内容の多様性・曖昧性である。たとえば、文化といわれているもののなかには、仏教やイスラム教といった宗教のようにかなり制度化されたものも含まれるが、俗信や慣行のような制度化されていないものも含まれる。また、特定の集団（民族、国民、地域住民、組織、団体など）が共有している暗黙の了解事項も「文化」と呼ばれることが多い。さらには、もっと深層にある暗黙知を「文化」と呼ぶこともある。「文化」という言葉を用いる場合は、このような次元の異なる雑多なものが一括される場合が多く、そのなかの「何」が核心的な説明の要素であるのか、どのような次元で説明・議論しようとしてるのかが明確になりにくいのである。本章で述べた市場の脈絡の七つのファクターのなかにある「宗教」や「歴史的経緯」もこれまでは「文化」として論じられてきたものであろうが、ここではより明確に議論するため、それらを「文化」とはせずに具体的な「宗教」と「歴史的経緯」に限定しているのである。

二つ目は、「文化」という言葉は、内容が多彩である一方で、実は抜け落ちる要素も多いということである。その典型は、気候や地形などの自然環境の要素であろう。消費市場をとらえる場合、とりわけ気候の影響が大きいことはすでに見てきた通りであるが、それはこれまでの文化論的な説明にはほとんど含まれることがなかった（もちろん、「文化」の使い方は自在であるから自然環境を強引に含めてしまうことは可能であろうし、自然を重視した風土論的なものを文化論と呼ぶ人もいるであろうが、それは原則からは外れたものである)。また、人口構成や人口動態、市場分布の空間特性、政策、所得といったファクターの影響も文化論では明確には議論できないものである。

三つ目は、「文化」という言葉は、「消費の特性そのもの(現時点での結果)」を一括して表現する場合(前述の海外のマーケティング担当者の言葉のように)には適切で便利な言葉なのであるが、しかし「その特性(現時点での結果)が生じた要因や今後の変化」に迫ろうとするとほとんど役に立たなくなることである。なぜなら、その特性を生じさせた要因やメカニズムを議論する場合は、やはり「何」がどのようなメカニズムで、どのような影響を与えているのかを明確にする必要が出てくるからである。つまり、「文化」の中身を明確化しなければならない。「宗教」であるのか「慣行」であるのか「歴史的な経緯」であるのか、「集団内に形成されている暗黙の了解事項」であるのかなどである。

むしろ、そのような多様なファクターで説明していってもどうしても説明のつかない部分が「文化の違い」だということになるのであろう。いわば、「文化」は「説明の最終兵器」といえよう。したがって、具体的なファクターで説明すべき部分がまだ多くあるにもかかわらず、早々と「それは文化の違い」だといってしまうと、その時点である種の「説明放棄」が生じることになる。筆者が管見するかぎり、「文化の違い」で(曖昧に)説明されているもののなかには、ほかの明確なファクターで説明できるものがかなり含まれているように思える。(5)

筆者が「文化」という言葉を避けて「ローカルな市場の脈絡」を具体的な七つのファクター（扉）から探ろうと提起しているのは、以上のような理由からである。筆者は、文化論を否定するつもりはないが、少なくとも消費市場のダイナミズムの解明に「安易」に用いることは避けるべきだと考えている。

本章で提示した七つのファクター（扉）の項目は、一見すると唐突に提示されているようにも見えるであろうが、それらは第3章から第8章までの、いやこれまでの一〇年以上にわたるアジア各国の消費市場の観察から、慎重に整理・集約化して導いたファクターである。それぞれの扉が有する重さと深さに目をやりつつ、いま一度、ローカルな市場の脈絡が有する「自律性」や「強さ」の側面を理解してもらえれば幸いである。

（5）グローバル・マーケティングに与える「文化要因」の影響を正面から検討したものとしては、小坂恕（一九九七）『グローバル・マーケティング』（国元書房）がある。そこでは、文化の曖昧さを克服するために文化要因の「定量的」な把握と分析が試みられている。定量的手法で文化要因をすべて説明することには限界があろうが、筆者流にいえば、むしろこの研究は「文化の違い」として説明が放棄されてきた領域のなかから、定量的に説明可能な要素を探り出して定量化を試みたものだと理解できる。

おわりに

筆者は、今から六年あまり前に『アジア市場幻想論――市場のフィルター構造とは何か』（新評論、一九九九年）という小著を上梓した。それは、成長著しいアジア市場に華々しく進出した日本の小売業（百貨店やスーパー）の多くが赤字に追い込まれている「謎」を追ったものであった。すなわち、彼らが市場の何を読み誤ったのか、彼らが抱いたアジア市場への幻想とはどのようなものであったのかを、アジアの六つの大都市を舞台に調査したものであった。

しかし、その本は日系小売業のアジア進出行動の解明だけを狙いとしたわけではなかった。もう一つの目的は、小売業のアジア進出を通して見た新しいアジア像を描くことにあった。貧困のアジアでもなく工業発展のアジアでもない、消費のアジアを描きたかったのである。さらに、三つ目の目的としては、海外進出の成否の要因がとかく企業の側の戦略や論理に従って論じられる傾向のなかで、「地域（市場）の側の論理」の存在を提起することがあった。

この「地域（市場）の側の論理」を示すために提起したアイデアが、「市場のフィルター構造」という概念であった。すなわち、各市場には多様なファクターが相互に結合した構造体である「フィルター構造」とでも呼ぶべき固有の構造体が形成されており、その構造が海外からの小売業を「選択的に透過」しているととらえたのである。これまでのように、市場参入の成否を企業戦略の側だけから理解するのではなく、市場に備わる構造（システマティックに機能する動態的な装置）との関係から理解すべしとの提起であった。とくに、マーケティング論は基本的に企業（主体）の行動をベースに議論されるため、結果的にローカル化やローカリゼーションに対する議論が不足していると感じてきたからである。

本書では、この「地域（市場）の側の論理」の存在というテーマをより前面に押し出している。本書で「ローカルな市場の脈絡《コンテキスト》」を振りかざしたのもそのためである。「ローカルな市場の脈絡《コンテキスト》」とは、「市場のフィルター構造」を含んだより包括的な概念である。第1章でも述べたごとく、国際マーケティングの現場では、「地域への畏敬の念」とでもいうべきものが改めて必要とされている。傲慢で短絡的なグローバル化から脱却し、地域（市場）の脈絡との同調（シンクロ）が目指されなければならない。

ただし、それに際しては、これまでのマーケティング論での「グローバル化」や「標準化」、「ローカル化」や「適応化」といった言葉の意味についても少しとらえ直す必要もあった。というのも、「企業（商品）のグローバル化」は、一般に「企業による戦略的な地域（市場）への働きかけの結果」というイメージが強いが、現実には「多数の地域（市場）の脈絡《コンテキスト》が企業や商品を主体的に受容（同化）した結果」と理解すべきケースも存在していると感じるからである。

もちろん、本書で示した理解には異論も少なくなかろう。とくに、主体の決定力を重視してきたマーケティング論では、ともすればこのような発想は「環境決定論」として意識的に排除する傾向が強いからである。しかし、重要なことは、そのような理解をすることで何が見えるのかということである。すなわち、本書のような理解により、地域（市場）の側の主体性や自律性といったものの存在が見えてくることが重要なのである。そして、そのような地域（市場）の側の主体性や自律性への認識が、企業のマーケティング戦略のみならず、グローバリゼーションの現状を正しくとらえ正しく議論することを可能とし、より適切な解決策を見いだすための一助となることが期待できるのである。

本書は、筆者の身勝手なヒヤリング調査に快く協力をしてくださった多数の企業関係者の方々のご厚意の賜である。ご厚意に心から感謝する次第である。また、本書執筆の直接のきっかけは、（財）流通システム開発センターから出されている季刊誌『流通とシステム』に連載した「アジアの市場シリーズ」であった。本書の第3章から第8章までは、そのシリーズ原稿を下敷きに大幅に筆を入れたものである。執筆の機会を与えて下さり、さらに本書への一部使用を認めて下さった同センターの方々には心から感謝をする次第である。

末筆ではあるが、出版事情厳しいなか「東南アジア編」と「東アジア編」の二冊の出版を受けていただいた新評論の武市一幸氏にもお礼を申し述べたい。

二〇〇五年　九月

上海からの帰国便のなかで　　川端基夫

		インドネシア	フィリピン	ブルネイ	ベトナム	ラオス	ミャンマー	カンボジア
GDP	名目	208	78	5	36	2	8	4
	PPP	683	333	−	185	10	−	26
1人当たりGDP	名目	954	964	13,173	450	371	158	306
	水準	2.8	2.9	39.1	1.3	1.1	0.5	0.9
	PPP	3,230	4,170	−	2,300	1,720	−	2,060
	水準	12.0	15.5	−	8.5	6.4	−	7.6
人口		214,471	81,503	356	81,314	5,660	49,362	13,404
民族		マレー系(大半。ジャワ、スンダ等27種族に大別)	マレイ系(大半)。他に中華系、スペイン系、これらとの混血、更に少数民族等	マレー系(含その他の先住民族)70%、中華系11%その他19%	キン族(越人)90%、約60の少数民族	低地ラオ族(60%)、その他計49民族	ビルマ族(約70%)、その他多くの少数民族	カンボジア人(クメール人)が90%
言語		インドネシア語	フィリピノ語(国語)。公用語はフィリピノ語、英語。80前後の言語あり	マレー語(公用語)、英語、中国語等	ベトナム語	ラオス語	ミャンマー語	カンボジア語
宗教		イスラム教87%、キリスト教10%、ヒンドゥー教2%	キリスト教(カトリック83%、その他10%)、イスラム教5%	イスラム教(国教)、キリスト教、仏教、道教	仏教(80%)、カトリック、カオダイ教	仏教	仏教(90%)キリスト教、イスラム教	仏教、イスラム教(一部少数民族)
政治体制		共和制	立憲共和制	立憲君主制	社会主義共和国	人民民主共和制	軍事態勢(暫定政府)	立憲君主制

注)①;PPP(購買力平価)が2002年、それ以外は2003年の数値。②;GDPの水準は日本を100としたときの水準。

資料)World Economic Outlook Sep. 2004 (IMF), World Development Indicators database(世界銀行)、台湾行政主計処、外務省ホームページ、最新世界各国要覧11訂版(東京書籍)より作成。

出所)ジェトロ(2005)『新興国の対外経済戦略(FTA等)と日本企業』ジェトロ経済分析部。

付表　アジア諸国の多様性

（単位：GDPは10億ドル、1人当たりGDPはドル、人口は1000人）

		日本	中国	韓国	台湾	香港	シンガポール	タイ	マレーシア
GDP	名目	4,296	1,412	605	286	157	91	143	104
	PPP	3,425	5,861	807	−	183	100	432	222
1人当たりGDP	名目	33,678	1,089	12,631	12,545	22,757	21,523	2,230	4,151
	水準	100.0	3.2	37.5	37.2	67.6	63.9	6.6	12.3
	PPP	26,940	4,580	16,950	−	26,910	24,040	7,010	9,120
	水準	100.0	17.0	62.9	−	99.9	89.2	26.0	33.9
人口		127,210	1,288,400	47,912	22,605	6,816	4,250	62,014	24,774
民族		日本人（99%）	漢民族（92%）、55の少数民族	韓民族	本省人（台湾出身者）85% 外省人（大陸出身者）13% その他（マレー・ポリネシア系）2％	漢民族（約98%）	中華系76%、マレー系13.7%、インド系8.4%、その他1.8%	タイ族（大多数）。その他、華僑、マレー族、山岳少数民族等。	マレー系（65.5%）、中華系（約25.6%）、インド系（約7.5%）、その他（1.3%）
言語		日本語	中国語	韓国語	中国語（北京語、福建語、客家語）	中国語（広東語、北京語）、英語	マレー語（国語）。公用語は英語、中国語、マレー語、タミール語	タイ語	マレー語（国語）、中国語、タミール語、英語
宗教		仏教、神道84%、その他キリスト教など	仏教・イスラム教・キリスト教など	仏教27%、キリスト教24%、その他儒教、天道教	仏教、道教、キリスト教	仏教、道教、キリスト教、イスラム教、ヒンドゥー教、シーク教、ユダヤ教	仏教、道教、キリスト教、イスラム教、ヒンドゥー教	仏教95%、イスラム教4％	イスラム教（連邦宗教）、仏教、儒教、ヒンドゥー教、キリスト教、原住民信仰
政治体制		立憲君主制	人民民主共和制	民主共和制	民主共和制	中華人民共和国香港特別行政区	立憲共和制	立憲君主制	立憲君主制

と特質』（研究双書 No. 521）アジア経済研究所。
・二神康郎（2000）『欧州小売業の世界戦略』商業界。
・堀越芳昭（1993）「シンガポールにおける協同組合の展開」『シンガポールとタイの協同組合運動』生協総研レポート No. 6。
・丸谷雄一郎（2001）「国際マーケティング概念規定に関する再検討」『経営総合科学』77号。
・矢作敏行編（2000）『欧州の小売りイノベーション』白桃書房。
・矢作敏行編（2003）『中国・アジアの小売業革新』日本経済新聞社。
・ロス・デービス・矢作敏行編（2001）『アジア発グローバル小売競争』日本経済新聞社。

・川端基夫（2000）『小売業の海外進出と戦略――国際立地の理論と実態』新評論。
・川端基夫（2001）「日系小売業のアジア進出と『誤算』」（ロス・デービス・矢作敏行編『アジア発グローバル小売競争』日本経済新聞社、第4章所収）。
・川端基夫（2004）「外資大量出店と立地規制」日系MJ、2004年1月20日。
・川端基夫（2005）「小売国際化のダイナミズムに与える店舗不動産の影響」『経済地理学年報』51巻1号。
・小坂恕（1997）『グローバル・マーケティング』国元書房。
・ジェトロ（2002）『インドネシア　経済・ビジネス関連法調査報告書（2）法運用上の課題および法律一覧　1997～2002年初頭』ジェトロ経済情報部。
・G・リッツァ・丸山哲夫編（2003）『マクドナルド化と日本』ミネルヴァ書房。
・田村正紀（2004）『先端流通産業：日本と世界』千倉書房。
・根本重之・為広吉弘編（2001）『グローバル・リテイラー』東洋経済新報社。
・野沢勝美（1999）「庶民の雑貨店、サリサリ・ストア」『アジ研ワールド・トレンド』No.48。
・野沢勝美（2001）「小口経済：庶民が支えるサリサリ・ストア」（大野拓司・寺田勇文『現代フィリピンを知るための60章』明石書店所収）。
・服部民夫・船津鶴代・鳥居高編（2002）『アジア中間層の生成

大学出版部、1999年）
・Ritzer, George (1998) “The McDonalization Thesis: Explorations and Extentions”, Sage.（正岡寛司訳『マクドナルド化の世界』早稲田大学出版部、2001年）
・Robertson, Roland (1992), “Globalization:social theory and global culture”, Sage.（阿部美哉訳『グローバリゼーション――地球文化の社会理論』東京大学出版会、1997年）
・Theodore, Levitt (1983) “The Globalization of Markets”, Harvard Business Review, Vol.61 (May-June), 92-102.
・Watson, James L. (1997) “Golden arches East: McDonald’s in East Asia”, Stanford University Press.（前川啓治・竹内惠行・岡部曜子訳『マクドナルドはグローバルか：東アジアのファーストフード』新曜社、2003年）
・生田真人（2001）『マレーシアの都市開発』古今書院。
・大石芳裕（1996）「国際マーケティング複合化戦略」（大石芳裕・角松正雄編『国際マーケティング体系』ミネルヴァ書房所収）。
・片岡義晴（2004）「バンコクの市場」『法政大学文学部紀要』第50号。
・角松正雄（2000）「わが国における国際マーケティング研究」（高井眞編『グローバル・マーケティングへの進化と課題』同文舘所収）。
・川端基夫（1999）『アジア市場幻想論――市場のフィルター構造とは何か』新評論。

参考文献一覧

・Bhagwati, Jagdish N. (2004) “In defense of globalization” Oxord University Press.（鈴木主税，桃井緑美子訳『グローバリゼーションを擁護する』日本経済新聞社、2005年）

・Bové, José; Dufour, François; Luneau, Gilles (2000a) “Le monde n’est pas une marchandise: des paysans contre la malbouffe” La Découverte（新谷淳一訳『地球は売り物じゃない』紀伊國屋書店、2001年）

・Bové, José; Aries, Poul; Terras, Christian (2000b) “José Bové, La revolte d’un paysan”, Editions Golias.（杉村昌昭訳『ジョゼ・ボヴェ：あるフランス農民の反逆』柘植書房新社、2002年）

・Enrico Colla (2001) “La Grande Distribution Européenne” Vuibert.（三浦信訳『ヨーロッパの大規模流通業』ミネルヴァ書房、2003年）

・James, V. Jesudason (1989) “Ethnicity and the Economy: The State, Chinese Business, and Multinationals in Malaysia”, Oxford University Press.（朴一監訳『エスニシティと経済ーマレーシアにおける国家・華人資本・多国籍企業ー』クレイン、2003年）

・Ritzer, George (1996) “The McDonaldization of society”, Pine Forge Press.（正岡寛司訳『マクドナルド化する社会』早稲田

【や】

【ら】

【わ】

【た】

【な】

【さ】

索　引

著者紹介

川端　基夫（かわばた・もとお）
1956年生まれ。大阪市立大学大学院修了。
博士（経済学）。専門：国際流通論、アジア市場論。
関西学院大学商学部教授。

著書
『アジア市場を拓く』（新評論、第24回アジア・太平洋賞特別賞）
『日本企業の国際フランチャイジング』（新評論、日本商業学会賞優秀賞）
『アジア市場のコンテキスト』【東アジア編】（新評論）
『アジア市場幻想論』（新評論）
『小売業の海外進出と戦略』（新評論、日本商業学会賞奨励賞）
『小売企業の国際展開』（共著、中央経済社）
『アジア発グローバル小売競争』（共著、日本経済新聞社）
など。

アジア市場のコンテキスト【東南アジア編】
――グローバリゼーションの現場から――
（検印廃止）

2005年10月25日　初版第1刷発行
2013年4月15日　初版第3刷発行

著　者　川　端　基　夫
発行者　武　市　一　幸
発行所　株式会社　新　評　論

〒169-0051　東京都新宿区西早稲田3-16-28
電話　03(3202)7391
振替・00160-1-113487

落丁・乱丁はお取り替えします。
定価はカバーに表示してあります。
http://www.shinhyoron.co.jp

印刷　フォレスト
製本　清水製本所
装幀　山田英春
写真　川端基夫

Printed in Japan
ISBN4-7948-0677-9